POBREZA E CIDADANIA

OBRAS COEDITADAS PELO PROGRAMA DE PÓS-GRADUAÇÃO EM SOCIOLOGIA DA FFLCH-USP:

Antônio Flávio Pierucci e Reginaldo Prandi, *A realidade social das religiões no Brasil* (Hucitec, 1996)

Brasilio Sallum Jr., *Labirintos: dos generais à Nova República* (Hucitec, 1996)

Reginaldo Prandi, *Herdeiras do axé* (Hucitec, 1996)

Irene Cardoso e Paulo Silveira (orgs.), *Utopia e mal-estar na cultura* (Hucitec, 1997)

Antonio Sérgio Alfredo Guimarães, *Um sonho de classe* (Hucitec, 1998)

Antônio Flávio Pierucci, *Ciladas da diferença* (Editora 34, 1999)

Mário A. Eufrasio, *Estrutura urbana e ecologia humana* (Editora 34, 1999)

Leopoldo Waizbort, *As aventuras de Georg Simmel* (Editora 34, 2000)

Irene Cardoso, *Para uma crítica do presente* (Editora 34, 2001)

Vera da Silva Telles, *Pobreza e cidadania* (Editora 34, 2001)

Paulo Menezes, *À meia-luz: cinema e sexualidade nos anos 70* (Editora 34, 2001)

Sylvia Gemignani Garcia, *Destino ímpar: sobre a formação de Florestan Fernandes* (Editora 34, 2002)

Antônio Flávio Pierucci, *O desencantamento do mundo* (Editora 34, 2003)

Nadya Araujo Guimarães, *Caminhos cruzados* (Editora 34, 2004)

Leonardo Mello e Silva, *Trabalho em grupo e sociabilidade privada* (Editora 34, 2004)

Antonio Sérgio Alfredo Guimarães, *Preconceito e discriminação* (Editora 34, 2004)

Vera da Silva Telles e Robert Cabanes (orgs.), *Nas tramas da cidade* (Humanitas, 2006)

Glauco Arbix, *Inovar ou inovar: a indústria brasileira entre o passado e o futuro* (Papagaio, 2007)

Zil Miranda, *O voo da Embraer: a competitividade brasileira na indústria de alta tecnologia* (Papagaio, 2007)

Alexandre Braga Massella, Fernando Pinheiro Filho, Maria Helena Oliva Augusto e Raquel Weiss, *Durkheim: 150 anos* (Argvmentvm, 2008)

Eva Alterman Blay, *Assassinato de mulheres e Direitos Humanos* (Editora 34, 2008)

Nadya Araujo Guimarães, *Desemprego, uma construção social: São Paulo, Paris e Tóquio* (Argvmentvm, 2009)

Vera da Silva Telles, *A cidade nas fronteiras do legal e ilegal* (Argvmentvm, 2010)

Heloisa Helena T. de Souza Martins e Patricia Alejandra Collado (orgs.), *Trabalho e sindicalismo no Brasil e na Argentina* (Hucitec, 2012)

Christian Azaïs, Gabriel Kessler e Vera da Silva Telles (orgs.), *Ilegalismos, cidade e política* (Fino Traço, 2012)

Ruy Braga, *A política do precariado* (Boitempo, 2012)

OBRAS APOIADAS PELO PROGRAMA DE PÓS-GRADUAÇÃO EM SOCIOLOGIA DA FFLCH-USP:

Ruy Braga e Michael Burawoy, *Por uma sociologia pública* (Alameda, 2009)

Fraya Frehse, *Ô da rua! O transeunte e o advento da modernidade em São Paulo* (Edusp, 2011)

Vera da Silva Telles

POBREZA E CIDADANIA

Universidade de São Paulo
Faculdade de Filosofia, Letras e Ciências Humanas
Programa de Pós-Graduação em Sociologia

editora■34

EDITORA 34

Editora 34 Ltda.
Rua Hungria, 592 Jardim Europa CEP 01455-000
São Paulo - SP Brasil Tel/Fax (11) 3811-6777 www.editora34.com.br

Universidade de São Paulo
Faculdade de Filosofia, Letras e Ciências Humanas
Programa de Pós-Graduação em Sociologia
Av. Prof. Luciano Gualberto, 315 Cid. Universitária CEP 05508-900
São Paulo - SP Brasil Tel. (11) 3091-3724 Fax (11) 3091-4505

Copyright © Editora 34 Ltda., 2001
Pobreza e cidadania © Vera da Silva Telles, 2001

A FOTOCÓPIA DE QUALQUER FOLHA DESTE LIVRO É ILEGAL E CONFIGURA UMA
APROPRIAÇÃO INDEVIDA DOS DIREITOS INTELECTUAIS E PATRIMONIAIS DO AUTOR.

Edição conforme o Acordo Ortográfico da Língua Portuguesa.

Capa, projeto gráfico e editoração eletrônica:
Bracher & Malta Produção Gráfica

Revisão:
Cide Piquet, Adrienne de O. Firmo
Nina Schipper

1ª Edição - 2001, 2ª Edição - 2013

Catalogação na Fonte do Departamento Nacional do Livro
(Fundação Biblioteca Nacional, RJ, Brasil)

Telles, Vera da Silva
T624p   Pobreza e cidadania / Vera da Silva Telles. —
São Paulo: Programa de Pós-Graduação em Sociologia
da FFLCH-USP/Editora 34, 2013 (2ª Edição).
168 p.

ISBN 978-85-7326-204-9

Inclui bibliografia.

    1. Pobreza (Sociologia). 2. Cidadania (Sociologia).
I. Universidade de São Paulo. Programa de Pós-Graduação
em Sociologia. II. Título.

CDD - 306

POBREZA E
CIDADANIA

Apresentação 7

1. Pobreza e cidadania: figurações da
   questão social no Brasil moderno 13
2. Os sentidos da destituição 57
3. Trabalho e formas de vida 89
4. Questão social: afinal, do que se trata? 115
5. A "nova questão social" brasileira:
   ou como as figuras de nosso atraso
   viraram símbolo de modernidade 139

Referências dos artigos 167

APRESENTAÇÃO

Esta coletânea reúne artigos escritos entre 1992 e 1998.[1] Entre a redação do primeiro capítulo e do último, muita coisa mudou no cenário brasileiro e o debate sobre a nossa desde sempre presente e persistente questão social sofreu deslizamentos nada triviais. No confronto entre os dois textos é possível entrever as enormes diferenças do campo do debate nas duas pontas da década. O artigo que abre esta coletânea foi escrito originalmente para minha tese de doutorado. Sua elaboração começou, portanto, algum tempo antes e isso significa dizer que as indagações que moveram sua redação trazem as marcas do debate que atravessava a cena brasileira na virada dos anos 80 para os 90. Correndo o risco da simplificação, diria que naqueles anos a questão social era problematizada por referência aos dilemas e impasses da construção democrática de um país recém-saído de longo período de governos militares. A Constituição de 1988 e as perspectivas democráticas que então se delineavam definiam um jogo de referências a partir das quais as questões em pauta eram formuladas, e se processava o debate — e polêmica — sobre os possíveis rumos do país. Era um debate de múltiplas entradas, seja no registro dos arranjos institucionais capazes de viabilizar políticas

---

[1] Com exceção do segundo artigo, todos os demais já foram publicados. Para esta coletânea, algumas pequenas alterações foram introduzidas tão somente para evitar repetições desnecessárias ou referências muito datadas e presas às circunstâncias do momento em que foram escritos.

Apresentação

eficazes no combate à pobreza, seja no registro da ampliação dos direitos sociais e os dilemas da Previdência Social, ou ainda no da formulação de novos direitos desenhados no encontro entre as possibilidades abertas pela nova Constituição e as demandas de movimentos sociais diversos. As promessas de uma cidadania ampliada desenhavam algo como uma cartografia de questões e inquietações, necessariamente polissêmicas e polêmicas, que conferiam sentido e inteligibilidade aos acontecimentos de um presente vivido, e assim figurado, no tensionamento entre o legado de uma história autoritária e excludente e os campos de possíveis que se descortinavam naqueles anos — anos conflituosos, lembremos. Talvez seja isso que esclareça o sentido polêmico e crítico das noções de direitos e de cidadania. Eram noções que compunham uma linguagem política e definiam a gramática do campo de conflitos que então se armava na cena pública brasileira. Mas as noções de direitos e cidadania também se configuravam como referência pela qual se colocava em perspectiva a história passada e as possibilidades de superação do que então era percebido como entraves e obstruções na direção de uma sociedade mais justa e igualitária. Trata-se de um modo de figurar e problematizar os dilemas da sociedade brasileira tecidos nessa espécie de fissura entre a história passada e os horizontes possíveis de futuro. Não por acaso, no correr dos anos 80, a história do país foi revisitada de ponta a ponta, colocando em foco tradições ou matrizes históricas que conformaram instituições e Estado, economia e sociedade, cultura e representações simbólicas. Valeria a pena, em uma outra ocasião, repassar a literatura produzida nesses anos para reativar e repensar, à luz das questões da nossa atualidade, esse empreendimento, feito de múltiplas perspectivas nem sempre convergentes, aliás polêmicas, de (re)interpretação do país.

De toda maneira, o sentido de um presente tensionado entre os legados da história e o campo dos possíveis transparece já no título do primeiro capítulo — "Pobreza e cidadania: figurações da questão social no Brasil moderno". Revisitando o modo como a questão social configurou-se historicamente na tradição

8   Pobreza e cidadania

da "cidadania regulada" inaugurada nos anos 30, tenta-se aí desenhar os contornos de um horizonte simbólico que projeta a pobreza em uma espécie de paisagem que incomoda a todos, mas que, tal como a natureza, se estrutura fora e por fora da trama das relações sociais — um mundo sem autores e sem responsabilidades, que parece transcorrer ao largo de um espaço propriamente político no qual os dramas da existência são ou podem ser figurados como questões que exigem o julgamento ético, a deliberação política e a ação responsável. É o avesso dos direitos, por certo.

Mas é preciso que se diga que esse modo de formular a questão é devedor das perspectivas que então se descortinavam na dinâmica dos conflitos que atravessavam a cena brasileira e por onde a reivindicação por direitos circulava e se generalizava por todos os lados. A medida para avaliar o sentido dessa movimentação vinha exatamente da história passada, ao mesmo tempo em que o ineditismo dos acontecimentos dava a cunha para repensar tradições e sedimentações históricas, também vivas e operantes nas difíceis circunstâncias do tempo presente.

No final da década, o cenário já será outro. E as questões em pauta, também. De partida, o sentido desse tensionamento que dava vigor aos debates e polêmicas que corriam nos anos 80 é como que desativado. É como se a modernidade finalmente encontrada na lógica imperativa dos mercados globalizados esvaziasse o sentido crítico desse esforço de (re)interpretação do país, esforço que vem de muito tempo, como sabemos, que faz parte de uma longa (e não isenta de ambiguidades) linhagem do pensamento social brasileiro, e que teve também sua tradução nas polêmicas que atravessaram os anos 80, revisitando sua história, instituições e tradições por referência ao que aparecia como mais um momento na sempre difícil e ambivalente "formação" do país, na sempre adiada *superação* das várias incompletudes de sua história. Nessa "construção interrompida", parafraseando Celso Furtado em livro publicado já no início da década, o lugar da pobreza na sociedade brasileira também fica alterado. Se durante décadas a pobreza foi figurada como sinal de um atraso que haveria, quem sabe, algum

Apresentação 9

dia, de ser superado pelas forças do progresso, agora aparece como cifra de nossa própria modernidade, que apenas acompanha as tendências consideradas inelutáveis no mundo inteiro em tempos de globalização e aceleração tecnológica. Compreender o sentido político desses deslizamentos é a questão que se pretende discutir no artigo que encerra esta coletânea, "A 'nova questão social' brasileira: ou como as figuras de nosso atraso viraram símbolo de modernidade". Nele, o leitor não encontrará uma discussão sobre globalização, reestruturação produtiva ou neoliberalismo, por mais que tudo isso compareça na tessitura dos argumentos. Para ir direto ao ponto, a questão que me parecia (e ainda me parece) importante discutir era (e é) a erosão das referências cognitivas e valorativas pelas quais as noções de bem público e responsabilidade pública poderiam ser formuladas como horizonte possível. Se é verdade que essas noções nunca chegaram a se constituir plenamente na sociedade brasileira, a complicação atual é o bloqueio de sua própria enunciação, ou por outra: a possibilidade de nomeação da questão pública é obstruída. E é por esse lado que talvez se possa apreender o sentido do atual desmanche dos (limitados) direitos e conquistas sociais da década anterior, pois para além da deterioração das condições de vida e trabalho das maiorias, trata-se da erosão das possibilidades de sua própria formulação.

Os demais artigos aqui presentes gravitam entre as questões colocadas nas duas pontas desta coletânea. O segundo capítulo, "Os sentidos da destituição", também escrito originalmente para minha tese de doutorado, retoma as questões desenvolvidas no anterior, porém em outra chave, numa tentativa de compreender o modo como a privação dos direitos — e obstrução de sua própria formulação — inscreve-se na trama das relações sociais. É questão também discutida nos dois capítulos seguintes, tomando como foco de análise o mercado de trabalho e suas dimensões societárias.

No terceiro capítulo, publicado em 1994 com o título de "Pobreza e cidadania: precariedade e condições de vida", é por referência aos conflitos e experiências políticas do início da década que a discussão é feita, procurando decifrar as ambivalências inscritas no cenário público e que se ancoram numa dinâmica societária regida pela obstrução da generalização dos direitos reivindicados. No capítulo 4, "Questão social: afinal, do que se trata?", a precariedade e vulnerabilidade social inscritas no mercado de trabalho, já apresentadas no capítulo anterior, são discutidas para chamar a atenção para o sentido dos processos em curso de desregulamentação do mercado e precarização do trabalho. São dois artigos que estão muito longe de dar conta das transformações recentes no mercado de trabalho, para não falar de referências empíricas desatualizadas diante do aprofundamento desses processos nos anos que se seguiram à sua redação. O interesse em reeditá-los para esta publicação vem de duas questões que, a meu ver, permanecem atuais e pertinentes ao debate atual. De um lado, ambos os artigos chamam a atenção para o solo histórico e societário no qual incidem os atuais processos de reestruturação produtiva e precarização do trabalho. Na conjugação entre os legados da história e os processos em curso explicitam-se, e essa é a segunda questão, as difíceis e — hoje em dia mais do que nunca — dilemáticas relações entre o mundo social e o universo público dos direitos. E se essa questão importa, é porque é nesse lapso entre o mundo social e o universo público — problema das mediações reais e simbólicas — que se inscrevem os dilemas de uma cidadania ainda a ser conquistada e reinventada nos termos que o mundo contemporâneo está a exigir. Na verdade, essa questão perpassa todos os cinco artigos aqui reunidos, é mesmo o fio que os articula, e, assim me parece, é reaberta em outros termos nessa década que agora se inicia.

Apresentação

1.
POBREZA E CIDADANIA:
FIGURAÇÕES DA QUESTÃO SOCIAL
NO BRASIL MODERNO

Em texto célebre, Roberto Schwarz (1988) comenta o quanto a sensação que este país sempre deu de dualismos, disparates e contrastes de todos os tipos deve à experiência do desconcerto diante de uma sociedade que se quer moderna, cosmopolita e civilizada, mas que convive placidamente com a realidade da violência, do arbítrio e da iniquidade. Roberto Schwarz fala do século XIX e tematiza o descompasso entre representação e real numa sociedade em que as relações de favor definiam um padrão de sociabilidade cuja especial virtude era esconjurar a brutalidade da escravidão. A pobreza brasileira contemporânea traz algo — ou muito — desse desconcerto. São, é claro, outros os termos do desconcerto atual. Em primeiro lugar, encerramos a década de 80 diante de uma sociedade que não apenas se quer moderna como, em alguma medida, se fez moderna: é uma sociedade que se industrializou e se urbanizou, que gerou novas classes e grupos sociais, novos padrões de mobilidade e de conflito social, deixando para trás o velho Brasil patriarcal; é uma sociedade portadora de uma dinâmica associativa que fez emergir novos atores e identidades, novos comportamentos, valores e demandas que romperam com os limites da "ordem regulada" estruturada nos anos 30; é uma sociedade, finalmente, que nas últimas décadas criou novas formas de organização e de representação coletiva, foi capaz de inventar mecanismos factíveis de negociação e gerenciamento de conflitos, exigindo por isso mesmo a sua autonomia perante o Estado, numa recusa prática da tradição da tutela estatal. Nesse caso, o desconcerto diz respeito a uma pobreza desme-

Pobreza e cidadania: figurações da questão social

dida que faz reativar velhos dualismos nas imagens de um atraso que ata o país às raízes de seu passado e resiste, tal como a força da natureza, à potência civilizadora do progresso.

Em segundo lugar, o atual desconcerto é diferente porque a iniquidade não é (ou não pode ser) mais expurgada do real, reduzida que era a um mundo sem nome, já que não havia palavras para transformá-la numa experiência com significado vivo na sociedade. Se é verdade que o "Brasil real" ganhou identidade(s) e voz(es) própria(s), essa modernidade emergente trouxe consigo as evidências de um sistema de desigualdades, que foram projetadas, por força de conflitos e lutas sociais, no cenário público da sociedade brasileira. Nesse registro, a pobreza é trazida para o lugar em que a linguagem elabora promessas de futuro e a ação se faz visível na sua capacidade de, para usar os termos de Hannah Arendt, interromper o ciclo da natureza e dar início a um novo começo.

De fato, sob o impacto das lutas sociais que agitaram toda a década de 80, a nossa velha e nunca resolvida questão social foi colocada no centro das promessas que acenavam com a construção de uma sociedade capaz de conciliar maior liberdade e maior igualdade. Depois de quinze anos de arbítrio e repressão, uma conflituosidade inédita atravessou as mais diversas dimensões da vida social e fez ecoar por toda a sociedade, através de reivindicações diversas, a exigência por uma ordem de vida mais justa e mais igualitária. A partir daí, a questão social ganhou dimensão institucional evidente: enquanto "dívida social" a ser resgatada para que este país esteja à altura de uma modernidade pretendida como projeto, foi incorporada à agenda política das forças oposicionistas que se articularam na transição democrática; com o fim do regime militar, compôs o elenco dos compromissos assumidos pela Nova República, foi proclamada como prioridade e se transformou em peça obrigatória do discurso oficial; no contexto de uma recessão econômica prolongada e de uma sociedade devastada por uma inflação fora de controle, transformou-se em item obrigatório em reiteradas propostas de pactos sociais, apresentadas como saída política para a crise brasileira; enquanto exigência de direitos, polarizou confrontos e negociações em debates parlamentares, e não sem marchas e contramarchas, avanços e recuos, ambiguidades e indefinições, a nova Constituição, aprovada em 1988, expressou a aspiração por uma sociedade democrática e mais igualitária. Nessa perspectiva, o desconcerto de que se fala se apresenta, antes de tudo, como uma enorme perplexidade. Perplexidade diante de uma década inaugurada com a promessa de redenção para os dramas da sociedade brasileira e que se encerrou encenando aos olhos de todos o espetáculo de uma pobreza talvez jamais vista em nossa história republicana, uma pobreza tão imensa que se começa a desconfiar que este país já ultrapassou as fronteiras da vida civilizada.

É, portanto, no horizonte de uma sociedade que se fez moderna e promete a modernidade, que a pobreza inquieta. Nas suas múltiplas evidências, evoca o enigma de uma sociedade que não consegue traduzir direitos proclamados em parâmetros mais igualitários de ação. Sinal de uma população na prática destituída de seus direitos, a pobreza brasileira não deixa, de fato, de ser enigmática numa sociedade que passou por mudanças de regime, teve a experiência de conflitos diversos, de mobilizações e reivindicações populares, que mal ou bem fez sua entrada na modernidade e proclama, por isso mesmo, a universalidade da lei e dos direitos nela sacramentados.

A pobreza contemporânea parece, na verdade, constituir uma espécie de ponto cego que desafia teorias e modelos conhecidos de explicação. Ponto cego instaurado no centro mesmo de um Brasil moderno, a pobreza contemporânea arma um novo campo de questões ao transbordar dos lugares nos quais esteve configurada "desde sempre": nas franjas do mercado de trabalho, no submundo da economia informal, nos confins do mundo rural, num Nordeste de pesada herança oligárquica, em tudo o mais, enfim, que fornecia (e ainda fornece) as evidências da lógica excludente própria das circunstâncias históricas que presidiram a entrada do país no mundo capitalista. Ao lado da persistência de

Pobreza e cidadania: figurações da questão social   15

uma pobreza de raízes seculares, a face moderna da pobreza aparece registrada no empobrecimento dos trabalhadores urbanos integrados nos centros dinâmicos da economia do país, seja pela deterioração salarial que se aprofundou durante os últimos anos, seja pela degradação dos serviços públicos que afetam a qualidade de vida nas cidades, seja ainda pelo desemprego em larga escala que atinge o setor formal da economia.

Essa face moderna da pobreza contemporânea condiciona de ponta a ponta os termos do debate que corria na virada dos anos 80 para os 90, a começar pelo tom de urgência que emerge no cruzamento de vários textos. Não são poucos os autores que associavam a questão social tanto ao feixe dos problemas, dificuldades e possibilidades da construção de uma esfera política que se abra democraticamente a reivindicações percebidas como justas e legítimas, como à ameaça de uma convulsão social provocada pela miséria desmedida que alimenta virtualmente conflitos insolúveis e demandas inegociáveis numa economia em crise.[1]

---

[1] Essa é em particular a ênfase de Hélio Jaguaribe. Sem que se possa dizer que o conjunto dos autores compartilhe de seu tom alarmista e catastrofista, Jaguaribe expressa de alguma forma uma consciência pública sobre as implicações políticas da miséria que transparece em editoriais da imprensa e declarações de autoridades e personalidades com projeção pública na sociedade. Sempre enfatizando a questão em seus livros, em declaração à imprensa, ao advogar a necessidade inadiável de políticas sociais abrangentes para o país, Jaguaribe expressa de forma paradigmática esse sentimento de urgência (e temor) ao dizer que o Brasil entra nos anos 90 vivendo os últimos momentos em que continua factível regular de forma democrática uma solução para a pobreza do país (Jaguaribe, 1990). São notáveis também os resultados de uma pesquisa realizada em 1988 pelo IDESP junto a um amplo espectro do que a pesquisa definiu como "elite política", entendida como personalidades que têm liderança em seus setores de atuação (sindicatos, empresas, setor público, partidos, imprensa, universidades etc.) e influência na formação da opinião pública. Nos itens relacionados à questão social, a pesquisa constata que "caso as condições sociais não sejam melhoradas no futuro próximo, a maioria acredita que poderemos che-

Mesmo sem o tempero alarmista de uns e outros, o problema social projetava-se por inteiro no centro mesmo da "questão democrática". Como dizem Castro e Faria (1989) em texto que sintetiza muito da discussão em curso nesses anos, apenas a consolidação democrática assentada num forte e estável sistema partidário, articulado com outros mecanismos institucionais de representação, será capaz de prover a necessária legitimidade para a negociação de prioridades sociais. No dizer dos autores, "jamais na história brasileira foi tão importante e necessária a construção de uma eficiente democracia política", pois "dada a assustadora estrutura de desigualdades sociais, a realização dessas reformas é a própria garantia do processo de transição".

É nesse horizonte de inquietações que a pobreza era interrogada como problema pertinente às possibilidades futuras do Brasil contemporâneo, em um debate de múltiplas vozes investidas dos dilemas da construção democrática de um país recém-saído do longo período de governos militares. Nesses anos, as pesquisas se multiplicaram, aprimoraram-se metodologias e critérios para medir a miséria nacional; economistas e sociólogos desenharam o perfil da distribuição da renda e forneceram explicações sobre a lógica excludente do capitalismo brasileiro; não foram poucos os que se dedicaram a vasculhar a Previdência Social, a traçar o mapa das responsabilidades do Estado e a intrincada trama de patrimonialismo e clientelismo que pulveriza recursos públicos e descaracteriza os espaços formais de representação. Reconhecia-se, enfim, que essa pobreza não poderia ser tributada a um atraso genérico associado às circunstâncias adversas de um país fixado na periferia do mundo capitalista. Salários deteriorados, desemprego e subemprego, falta de serviços públicos, de saneamento e moradia montavam um cenário no qual se explicitavam respon-

---

gar a um estado crônico de convulsão social (63%), inviabilizando-se uma economia de mercado (52%) e possivelmente cristalizando uma situação de 'apartheid' social (40%)" (IDESP, 1990).

sabilidades políticas envolvidas nesse Quarto Mundo gerado no interior de um Brasil moderno que promete (ou prometia) estar em sintonia com o Primeiro Mundo.

Nesse diagnóstico feito sob vários ângulos e diversas entradas, saía o retrato de um país que construiu base econômica e institucional para melhorar as condições de vida da população brasileira, diminuir a escala das desigualdades sociais e viabilizar programas de erradicação da pobreza; se nos anos de crescimento econômico as chances não foram aproveitadas, isso não se deveu à lógica cega da economia, mas a um jogo político muito excludente, que repõe velhos privilégios, cria outros tantos e exclui as maiorias. Se a pobreza contemporânea diz respeito aos impasses do crescimento econômico num país situado na periferia do mundo capitalista, põe em foco sobretudo a tradição conservadora e autoritária dessa sociedade.

Impossível fazer economia de tudo o que essa discussão nos ensinou sobre a sociedade brasileira. Porém, ainda assim o enigma permanece. Pois, conservadora e autoritária, a sociedade brasileira sempre teve, para o bem ou para o mal, a questão social no seu horizonte político. É uma sociedade na qual sempre existiu uma consciência pública de uma pobreza persistente — a pobreza sempre apareceu no discurso oficial, mas também nas falas públicas de representantes políticos e de lideranças empresariais, como sinal de desigualdades sociais indefensáveis num país que se quer à altura das nações do Primeiro Mundo. Tema do debate público e alvo privilegiado do discurso político, a pobreza é e sempre foi notada, registrada e documentada. Poder-se-ia mesmo dizer que, tal como uma sombra, a pobreza acompanha a história brasileira, compondo o elenco dos problemas e dilemas de um país que fez e ainda faz do progresso um projeto nacional. É isso propriamente que especifica o enigma da pobreza brasileira. Pois espanta que essa pobreza persistente, conhecida, registrada e alvo do discurso político, não tenha sido suficiente para constituir uma opinião pública crítica capaz de mobilizar vontades políticas na defesa de padrões mínimos de vida para que este país mereça ser chamado de civilizado. Sobretudo, espanta que o aumento visível da pobreza no correr do anos nunca tenha suscitado um debate público sobre a justiça e a igualdade, pondo em foco as iniquidades inscritas na trama social. Sempre no centro da dinâmica política do país, a pobreza nunca foi, no entanto, enfrentada no horizonte da cidadania. Não há muita novidade nisso: sabemos o quanto pesa na história brasileira a tradição tutelar que transfigurou direitos no registro da proteção de um Estado benevolente. Porém, dizer que a questão da pobreza nunca foi formulada no horizonte da cidadania é ficar a meio caminho. É dar por explicado o que ainda não passa da enunciação de um problema. É circunscrever a questão pelo registro em negativo — pelo déficit de modernidade da sociedade brasileira. Está certo: é inevitável que seja assim que formulemos em um primeiro momento as nossas perguntas. Mas é apenas o ponto de partida, ou assim deveria ser. Pois ao insistir em traçar a realidade em negativo, a pobreza se transforma numa espécie de buraco negro, limbo no qual se projetam todas as incompletudes de nossa modernidade. No entanto, ao apresentar a pobreza como o espelho invertido de um modernidade pretendida como projeto, perde-se de vista os termos pelos quais essa pobreza comparece no cenário público brasileiro. E são esses termos que talvez nos forneçam uma chave para elucidar o enigma da persistência da pobreza numa sociedade que, afinal, deixou para trás o estreito figurino da República oligárquica.

Como problema que inquieta e choca a sociedade, a pobreza aparece sempre como sinal do atraso, pesado tributo que o passado legou ao presente e que envergonha um país que se acostumou a pensar ser o "país do futuro". Tal como num jogo de espelhos invertidos, a pobreza incomoda ao encenar o avesso do Brasil que se quer moderno e que se espelha na imagem — ou miragem — projetada das luzes do Primeiro Mundo. Nesse registro, a pobreza é transformada em natureza, resíduo que escapou à potência civilizadora da modernização e que ainda tem que ser

Pobreza e cidadania: figurações da questão social

capturado e transformado pelo progresso. Como espetáculo, é transformada em paisagem que nos lembra a condição de país subdesenvolvido, mas que evoca as possibilidades de sua redenção pela via de um crescimento econômico capaz de brindar com seus benefícios os deserdados da sorte. Entre as imagens do atraso e do progresso, a pobreza desaparece como atualidade, como problema que diz respeito aos parâmetros que regem as relações sociais e às regras da reciprocidade através das quais a sociabilidade se efetiva. Num certo sentido, a pobreza contemporânea reatualiza questões já tratadas há muito tempo por Sérgio Buarque de Holanda e retomadas em outra chave por Roberto Schwarz. A "pobreza é horrível", mas não pode ser nomeada enquanto tal — é a aversão ao real de que fala Buarque de Holanda — pois isso obrigaria à escolha, ao julgamento e ao questionamento da forte estrutura de privilégios que caracteriza a sociedade brasileira: a pobreza é notada e é registrada, mas — para usar os termos de Schwarz (1990) — a notação não frutifica, o real não se constitui como referência cognitiva e valorativa.

As figuras de uma pobreza despojada de dimensão ética e transformada em natureza dizem algo de uma sociedade em que vigoram as regras culturais de uma tradição hierárquica, plasmadas em um padrão de sociabilidade que obsta a construção de um princípio de reciprocidade que confira ao outro o estatuto de sujeito de interesses válidos e direitos legítimos. Como bem nota Roberto Da Matta (1985), essa é uma matriz cultural própria de uma sociedade que não sofreu a revolução igualitária de que falava Tocqueville; em que as leis, ao contrário dos modelos clássicos, não foram feitas para dissolver, mas para cimentar os privilégios dos "donos do poder"; e em que, por isso mesmo, a modernidade anunciada pela universalidade das regras formais não chegou a ter o efeito racionalizador de que trata Weber, convivendo com éticas particularistas do mundo privado das relações pessoais que, ao serem projetadas na esfera pública, repõem a hierarquia entre *pessoas* no lugar em que deveria existir a igualdade entre *indivíduos*. E essa é a matriz da incivilidade que atravessa de ponta a ponta a vida social brasileira, de que são exemplos conhecidos a prepotência e o autoritarismo nas relações de mando, para não falar do reiterado desrespeito aos direitos civis das populações trabalhadoras. Incivilidade que se ancora num imaginário persistente que fixa a pobreza como marca da inferioridade, modo de ser que descredencia indivíduos para o exercício de seus direitos, já que percebidos numa diferença incomensurável, aquém das regras da equivalência que a formalidade da lei supõe e o exercício dos direitos deveria concretizar, do que é prova evidente a violência policial que declara publicamente que nem todos são iguais perante a lei e que os mais elementares direitos civis só valem para os que detém os atributos de respeitabilidade, percebidos como monopólio das "classes superiores", reservando às "classes baixas" a imposição autoritária da ordem. O enigma da pobreza está inteiramente implicado no modo como direitos são negados na trama das relações sociais. Não é por acaso, portanto, que — tal como figurada no horizonte da sociedade brasileira — a pobreza apareça despojada de dimensão ética e o debate sobre ela seja dissociado da questão da igualdade e da justiça. Pois essa é uma figuração que corresponde a uma sociedade em que direitos não fazem parte das regras que organizam a vida social. É uma figuração que corresponde ao modo como as relações sociais se estruturam sem outra medida além do poder dos interesses privados, de tal modo que o problema do justo e do injusto não se coloca e nem tem como se colocar, pois a vontade privada — e a defesa de privilégios — é tomada como a medida de todas as coisas.

Seria um equívoco creditar tudo isso à persistência de tradicionalismos de tempos passados, resíduos de um Brasil arcaico, pois esses termos constroem a peculiaridade do Brasil moderno. É certo que a sociedade brasileira carrega todo o peso da tradição de um país com passado escravagista e que fez sua entrada na modernidade capitalista no interior de uma concepção patriarcal de mando e autoridade (Paoli, 1989), concepção esta que traduz diferenças e desigualdades no registro de hierarquias que criam a

Pobreza e cidadania: figurações da questão social

figura do inferior que tem o dever da obediência, que merece o favor e proteção, mas jamais os direitos (Chaui, 1987). Tal tradição se desdobra na prepotência e na violência presentes na vida social, que desfazem, na prática, o princípio formal da igualdade perante a lei, repondo no Brasil moderno a matriz histórica de uma cidadania definida como privilégio de classe (Abreu, 1988).

No entanto, não se trata de postular o descompasso entre o Brasil legal e o Brasil real, essa imagem sempre evocada pela força expressiva que ela contém para dar forma à perplexidade — ou o desconcerto, para falar como Schwarz — diante de uma realidade sempre na contramão, contradizendo as promessas proclamadas no mundo luminoso das leis, das instituições e do Estado. Pois a reposição de hierarquias e diferenças no solo social tem a ver com o modo mesmo como direitos, leis e justiça social montaram os termos da cidadania brasileira e teceram as figuras do Brasil moderno. E é nisso que se aloja o paradoxo da sociedade brasileira, paradoxo de um projeto de modernidade que desfez as regras da República oligárquica, que desencadeou um vigoroso processo de modernização econômica, social e institucional, mas repôs a incivilidade nas relações sociais. Pois, nos anos 30, a concessão de direitos trabalhistas e a montagem de um formidável sistema de proteção social tiraram a população trabalhadora do arbítrio — até então sem limite — do poder patronal, para jogá--la por inteiro sob a tutela estatal.

Trata-se de um peculiar modelo de cidadania, dissociado dos direitos políticos e também das regras da equivalência jurídica, tendo sido definido estritamente nos termos da proteção do Estado, através dos direitos sociais, como recompensa ao cumprimento com o dever do trabalho. É a cidadania regulada, de que fala Wanderley Guilherme dos Santos (1979). Dissociado de um código universal de valores políticos e vinculado ao pertencimento corporativo como condição para a existência cívica, é um modelo de cidadania que não construiu a figura moderna do cidadão referida a uma noção de indivíduo como sujeito moral e soberano nas suas prerrogativas políticas na sociedade. A rigor, este não tem lugar na sociedade brasileira, já que sua identidade é atribuída pelo vínculo profissional sacramentado pela lei, que o qualifica para o exercício dos direitos. O cidadão como indivíduo não tem identidade e figura próprias: a verdadeira figura da cidadania é o sindicato (Paoli, 1989). É ele que tem a posse de direitos e é através dele que o trabalhador reconhecido pelo seu vínculo legal à corporação profissional pode ter acesso aos benefícios sociais garantidos pelo Estado. Daí Santos dizer que a carteira de trabalho, mais do que uma evidência trabalhista, é uma certidão de nascimento cívico. Fora dessa condição, vigora o estado de natureza no qual são submergidos todos os que têm uma existência percebida como impermeável à regulamentação estatal e que, por isso mesmo, não existem para efeito legal. Desempregados, desocupados, subempregados, trabalhadores sem emprego fixo ou ocupação definida são na prática transformados em pré-cidadãos, "sujeitos ao tratamento hobbesiano clássico", ou seja, à repressão pura e simples, tanto privada como estatal.

Se é verdade que essa definição estritamente corporativa de cidadania já é coisa do passado, também é certo que as marcas da origem deixam revelar seus efeitos na cultura política deste país e na armadura institucional dos direitos sociais. A persistência de uma percepção dos direitos como doação de um Estado protetor seria inexplicável sem essa peculiar experiência de cidadania dissociada da liberdade política, como valor e como prática efetiva, e que se confunde, se reduz, ao acesso aos direitos sociais. Mas é preciso ver, também, que essa cultura política se corporifica ao mesmo tempo que é realimentada numa peculiar trama institucional na qual os direitos sociais se efetivaram. Por isso mesmo, vale interrogar sobre a eficácia desses direitos na moldagem da sociedade brasileira, pois são eles que põem em foco os paradoxos da mesma sociedade. Não pela evidência do descompasso entre a existência formal de direitos e a realidade da destituição das maiorias, ou melhor, pelo que esse descompasso revela da lógica que presidiu a formulação e formalização dos direitos na sociedade brasileira. Pois o que chama a atenção é a constituição de

Pobreza e cidadania: figurações da questão social   23

um lugar em que a igualdade prometida pela lei reproduz e legitima desigualdades; um lugar que constrói os signos do pertencimento cívico, mas que contém dentro dele próprio o princípio que exclui as maiorias; um lugar que proclama a realização da justiça social, mas bloqueia os efeitos igualitários dos direitos na trama das relações sociais.

É nisso que se explicita o aspecto mais desconcertante da sociedade brasileira, uma sociedade que carrega uma peculiar experiência histórica na qual a lei, ao invés de garantir e universalizar direitos, destitui indivíduos de suas prerrogativas de cidadania e produz a fratura entre a figura do trabalhador e a do pobre incivil. Chama sobretudo a atenção uma lei que, ao proclamar e garantir direitos sociais, sacramenta desigualdades, repõe hierarquias pelo viés corporativo e introduz segmentações que transformam em pré-cidadãos todos os que não possuem carteira de trabalho.

Em primeiro lugar, se a partilha corporativa para efeito de atribuição de direitos deixou de existir, o pressuposto do vínculo ocupacional se manteve, o que significa dizer que o acesso aos direitos sociais se dissocia, na prática, de uma condição inerente de cidadania. Em segundo lugar, vinculados ao valor das contribuições fixadas a partir da renda adquirida através do trabalho, os benefícios garantidos pelo Estado terminaram por reproduzir o perfil das desigualdades sociais. Nesse caso, a lei que garante a todos a proteção social terminou por consagrar desigualdades e anular na prática os efeitos redistributivos e compensatórios que supostamente são os objetivos das políticas sociais (Draibe, 1990). Trata-se do que a literatura especializada chama de "direito contratual", que, pelo menos no caso brasileiro, teve a especial virtude de neutralizar a questão da igualdade. Mais do que limitações e perversões de um determinado sistema de contribuição e financiamento da Previdência — questão que tem sido alvo privilegiado das críticas ao sistema previdenciário brasileiro —, o que importa aqui enfatizar é o quanto isso carrega de uma tradição na qual os direitos sociais não foram formulados do ângulo das

24   Pobreza e cidadania

desigualdades sociais que eles supostamente deveriam compensar. Não foram formulados na perspectiva do indivíduo-cidadão que encontra nos direitos sociais um recurso para compensar as vicissitudes da vida social que o comprometeriam como indivíduo autônomo e soberano nas suas prerrogativas de cidadão. Como mostra Maria Angela Castro Gomes (1989), o Estado getulista definiu uma peculiar noção de igualdade, entendida estritamente como igual direito à proteção do Estado, tendo por pressuposto a existência cívica definida pelo pertencimento corporativo — "era da desigualdade natural que emergia um determinado tipo de igualdade: o pertencimento à comunidade nacional por via do pertencimento à atividade profissional". Com isso, as desigualdades sociais se legitimavam no registro de hierarquias naturalizadas e traduzidas no ordenamento corporativo da sociedade.

É nessa matriz que sobretudo se esclarece o tipo de vínculo entre Estado e sociedade que os direitos sociais definiram. Tal como foram institucionalizados na sociedade brasileira, estabeleceram uma relação vertical com o Estado, que retribui na medida da contribuição de cada um, formalizando no mundo público da lei uma matriz privada na qual as garantias contra a doença, a invalidez, a velhice, a orfandade dependem inteiramente da capacidade — e da possibilidade, diríamos nós — de cada um em conquistar o seu lugar no mercado de trabalho. Os direitos sociais podem ser entendidos como uma espécie de contrato de serviços que o contribuinte estabelece com o Estado. A rigor, não se constituem como direitos sociais, se por isso entendermos uma forma determinada de contrato social que define os termos da reciprocidade entre as classes e entre estas e o Estado, a partir das regras de julgamento que problematizam circunstâncias de vida e de trabalho, tipificando a ordem de suas causalidades e responsabilidades (Ewald, 1985). Mais do que as características formais de um modelo de Previdência, o importante é a tradição na qual ele está ancorado e à qual, de alguma forma, deu continuidade. A definição da justiça social como tarefa do Estado teve por efeito neutralizar a questão da igualdade numa lógica perversa em que as desigual-

Pobreza e cidadania: figurações da questão social   25

dades são transfiguradas no registro de diferenças sacramentadas pela distribuição diferenciada dos benefícios, ocultando a matriz real das exclusões.

Direitos que recriam desigualdades, pela sua vinculação profissional, são também direitos que não se universalizaram, sobrepondo às diferenças sociais uma outra clivagem que transforma em não cidadãos os que escapam às regras do contrato. Esses são os não iguais, os que não estão credenciados à existência cívica justamente porque privados de qualificação para o trabalho. São os pobres, figura clássica da destituição. Para eles, foi reservado o espaço da assistência social, cujo objetivo não é elevar condições de vida mas minorar a desgraça e ajudar a sobreviver na miséria (Sposati, 1988). Esse é o lugar dos não direitos e da não cidadania. É o lugar no qual a pobreza vira "carência", a justiça se transforma em caridade e os direitos, em ajuda a que o indivíduo tem acesso não por sua condição de cidadania, mas pela prova de que dela está excluído. É o que Aldaiza Sposati chama de "mérito da necessidade", que define a natureza perversa de uma relação com o Estado que cria a figura do necessitado, que faz da pobreza um estigma pela evidência do fracasso do indivíduo em lidar com os azares da vida e que transforma a ajuda numa espécie de celebração pública de sua inferioridade, já que o seu acesso depende do indivíduo provar que seus filhos estão subnutridos, que ele próprio é um incapacitado para a vida em sociedade e que a desgraça é grande o suficiente para merecer a ajuda estatal. Se na esfera dos direitos sociais a questão da igualdade e da justiça é ocultada pela hierarquização na distribuição dos benefícios sociais, aqui é a própria noção de responsabilidade pública que se dissolve, como se fossem naturais os azares do destino que jogam homens, mulheres e crianças para fora da sociedade.

Nesse lugar de uma pobreza transformada em condição natural, não existem sujeitos. Nele, homens e mulheres se veem privados de suas identidades, já que homogeneizados na situação estigmatizadora da carência. Sem existência jurídica definida, nem mesmo lhes cabe o recurso legal a que em princípio os (outros) trabalhadores podem recorrer quando se percebem lesados nos seus direitos (Sposati, 1988). A assistência social na verdade traduz no registro da carência esse mundo sem sujeitos que é o chamado mercado informal de trabalho no qual está submergida sua clientela potencial. É esse um mundo que se estrutura nas fronteiras ambíguas entre a legalidade e a ilegalidade, um mundo que parece flutuar ao acaso de circunstâncias sem explicitar sua relação com as estruturas de dominação e poder da sociedade, um mundo onde não existe contrato formal de trabalho, direitos sociais e representação profissional, um mundo, portanto, sem a medida pela qual necessidades e interesses possam se universalizar como demandas e reivindicações coletivas (Oliveira, 1987, 1988).

Se é verdade que a matriz corporativa dos direitos produz a figura da pobreza incivil, sabe-se hoje que a tradição assistencial não começa com o Estado getulista, mas com a filantropia privada cujas origens remontam ao Brasil colonial. Tradição que será redefinida no século XIX e continuará pelas três primeiras décadas desse século como lugar da "pobreza desvalida" (Abreu, 1990). Como mostra Aldaiza Sposati, no pós-30, o assistencialismo será resgatado e redefinido pelo Estado getulista, institucionalizando e sacramentando o que os autores chamam de "gestão filantrópica da pobreza" — paralelamente à centralização e estatização dos serviços para os trabalhadores de posse de seus direitos de cidadania, a assistência social seguirá, ao contrário, o caminho da descentralização através da articulação do Estado com a filantropia privada responsável pelos destituídos dos atributos da cidadania. Enquanto a regulamentação profissional segmenta a sociedade em cidadãos e não cidadãos, o perfil das instituições de proteção social irá, portanto, produzir a segmentação estigmatizadora entre trabalho e pobreza. Trabalho e pobreza transformam-se, assim, em dois modos antinômicos de existência social. Diante de uma figura normativa do trabalhador que dá provas da sua capacidade para a vida em sociedade e, portanto, tem o privilégio da proteção do Estado, a figura do pobre é inteiramente desenhada

Pobreza e cidadania: figurações da questão social 27

em negativo sob o signo da incapacidade e impotência, fazendo da ajuda a única forma possível para os assim definidos "carentes" se manterem em sociedade.

Estranhos os caminhos da cidadania brasileira. Caminhos que, ao contrário das experiências clássicas conhecidas, bloqueiam os efeitos igualitários que em princípio as leis e os direitos deveriam produzir. Em texto no qual comenta a "Democracia na América", Marcel Gauchet (1980) chama a atenção para o papel que o Estado moderno desempenhou na construção da "sociedade dos iguais" descrita por Tocqueville. Para além dos efeitos niveladores da lei que dissolve privilégios e hierarquias, o fundamental, diz Gauchet, é a dinâmica igualitária que se instaura na sociedade e que tem como foco o próprio Estado como a referência a partir da qual os indivíduos podem se conceber como iguais. Seu argumento demonstra que a moderna concepção de indivíduo como princípio e fundamento da sociedade não poderia existir sem a referência a um Estado que se apresenta como fonte da lei que deve valer para todos — "o Estado é o espelho no qual o indivíduo pôde se reconhecer na sua independência e autossuficiência", liberando-se por essa via dos constrangimentos próprios dos modos tradicionais de vida. O Estado instaura sobretudo a referência simbólica a partir da qual os indivíduos se reconhecem como iguais, independentemente de suas vinculações efetivas de família, classe ou profissão. É essa a dimensão simbólica embutida na formalidade da lei e na individualidade abstrata nela pressuposta, que desencadeia uma dinâmica igualitária que tem a ver não com a supressão das desigualdades reais — estas irão se reproduzir nas sociedades modernas —, mas com o modo como se concebe a natureza do vínculo que articula os indivíduos em sociedade. Não é, portanto, num possível nivelamento das condições econômicas que a igualdade deixa entrever seu significado. A igualdade, enfatiza Gauchet, é um núcleo de sentido, fonte de um imaginário — imaginário igualitário — que mostra seus efeitos no modo como os indivíduos se percebem e são percebidos na vida em sociedade.

A experiência brasileira parece se constituir ao revés da "revolução igualitária" fundadora das sociedades modernas, pois um mundo de hierarquias e diferenças é reposto e figurado por referência a esse lugar em que os direitos são proclamados e sacramentada a universalidade da lei. E o que chama a atenção é o fato de ser precisamente a justiça social a peça que obstrui a dinâmica igualitária, operando uma espécie de curto-circuito na dimensão simbólica implicada na universalidade da lei. Aparente paradoxo este, pois os direitos sociais deveriam, em princípio, mostrar seus efeitos ali onde a igualdade jurídica encontra o seu limite, levando mais longe o imaginário igualitário no reconhecimento de que a sociedade deve dar garantias ao cidadão quando condições adversas comprometem o seu direito à vida e ao trabalho (Gauchet, 1989). Porém, a justiça social brasileira não foi concebida no interior de um imaginário igualitário, mas sim no interior de um imaginário tutelar que desfigura a própria noção moderna de direitos, formulados que são no registro da proteção garantida por um Estado benevolente.

Nessa articulação da tradição tutelar e das características de uma sociedade hierárquica e autoritária há uma obstrução da dinâmica igualitária própria das sociedades modernas. As dificuldades de se acolher o conflito como acontecimento legítimo são os seus indícios mais evidentes. Como mostra Gauchet (1980), enquanto foco de um imaginário que se traduz nas regras da sociabilidade que articula indivíduos e classes, a igualdade é precisamente posta à prova no reconhecimento — de fato e de direito — da diferença do outro. É, portanto, apenas no interior de um imaginário igualitário que o conflito pode emergir como acontecimento legítimo. Ou melhor: numa sociedade regida pelo código da igualdade, o conflito aparece como acontecimento inevitável e irredutível da vida social, na medida em que os indivíduos se reconhecem e são reconhecidos no seu igual direito de pôr em questão modos de ser em sociedade. Mas o lugar que o conflito ocupa nas sociedades modernas mostra também que a igualdade não opera como um valor cultural transmitido pela força das tra-

Pobreza e cidadania: figurações da questão social

dições. Se assim fosse, pouca esperança haveria para um Brasil de origem escravagista, portador de uma tradição que, na lógica das diferenciações hierárquicas, atribui a indivíduos e grupos sociais modos de ser distintos e incomensuráveis. Como enfatiza Gauchet, o conflito é o outro polo por onde a dinâmica igualitária se processa. É através do conflito que os excluídos, os não iguais, impõem seu reconhecimento como indivíduos e interlocutores legítimos, dissolvendo as hierarquias nas quais estavam subsumidos numa diferença sem equivalência possível. É nele, portanto, que o enigma dos direitos se decifra, enquanto conquista de reconhecimento e legitimidade, sem o que a cidadania formulada nos termos da lei não se universaliza e não tem como se enraizar nas práticas sociais. É nele ainda que a questão da justiça se qualifica, enquanto garantia de uma equidade que a desigualdade de posições sempre compromete. Isso significa que a questão da justiça está implicada na trama dos conflitos. Na verdade, constitui o próprio campo dos conflitos: é em torno da medida do justo e do injusto que a reivindicação por direitos é formulada, os embates se processam e se desdobram numa negociação possível.

A experiência brasileira mostra quão penosa pode ser a conquista da igualdade. Mostra o quanto pode existir de ambivalência numa dinâmica social em que a lógica da igualdade em curso convive com discriminações sempre repostas pela lógica das hierarquias enraizada no subsolo moral e cultural da sociedade. Mas mostra sobretudo o quanto tradições podem ser eficazes no sentido de bloquear a potência propriamente simbólica dos conflitos. É como se os conflitos fossem reduzidos a uma mera factualidade, percebidos no registro estrito de defesa corporativa de interesses, sem que o seu acontecimento tenha esse desdobramento no sentido de figurar na sociedade e para a sociedade a questão da justiça — e, portanto, da igualdade — implicada na reivindicação por direitos. É nisso que se fazem sentir os efeitos da ausência de um espaço público democrático que confira visibilidade e legitimidade à diversidade conflituosa dos interesses e que, sobretudo, faça circular na sociedade um debate sobre a justiça que dê eco às reivindicações por direitos. E é esse o ponto: mesmo quando eficazes na sua dimensão propriamente corporativa, os mecanismos existentes de representação não conseguem constituir uma opinião pública que se abra a um debate sobre o justo e o injusto na trama das relações sociais, debate que a reivindicação por direitos, real ou virtualmente, sempre propõe.

Se é verdade que muita coisa mudou no Brasil contemporâneo, se direitos, participação, representação e negociação já fazem parte do vocabulário político ao menos nos principais centros urbanos do país, a questão da pobreza permanece e persiste desvinculada de um debate público sobre critérios de igualdade e justiça. Mesmo que as figuras históricas de um Estado tutelar não tenham mais vigência no Brasil atual, mesmo que tenham sido submetidas, nos últimos anos, a um jogo cruzado de críticas que, à esquerda e à direita, por razões diversas e sob lógicas políticas distintas, denunciaram seus efeitos perversos na história brasileira, a tradição cobra e continua cobrando seus tributos numa espécie de linha de sombra em que se confundem direitos e ajuda, cidadania e filantropia, ao mesmo tempo em que se repõe essa espantosa indiferença diante do espetáculo da pobreza, que tanto caracteriza a sociedade brasileira. Pois é na própria visibilidade da pobreza que a tradição se ancora para figurar o seu lugar no horizonte simbólico da sociedade. Visível por todos os lados, nas suas evidências a pobreza é percebida como efeito indesejado de uma história sem autores e responsabilidades. Nesse registro, aparece como chaga aberta a lembrar o tempo todo o atraso que envergonha um país que se quer moderno, de tal modo que sua eliminação é projetada para as promessas civilizatórias de um progresso que haverá, algum dia, quem sabe, de absorver os que foram até agora dele excluídos. Como problema que inquieta e choca a sociedade, a pobreza aparece no entanto no registro da patologia, seja nas evidências da destituição dos miseráveis que clamam pela filantropia pública ou privada, seja nas imagens da violência que apelam para sua ação preventiva e, sobretudo, repressiva. Num registro ou no outro, a pobreza é encenada como

Pobreza e cidadania: figurações da questão social

algo externo a um mundo propriamente social. Fruto de exclusões múltiplas, parece armar um cenário no qual desaparece como problema que diz respeito aos parâmetros que regem as relações sociais. Nessas formas de encenação pública, a pobreza é transformada em paisagem[2] que lembra a todos o atraso do país, atraso que haverá de ser, algum dia, absorvido pelas forças civilizatórias do progresso. Paisagem que rememora as origens e que projeta no futuro as possibilidades de sua redenção, a pobreza não se atualiza como presente, ou melhor, na imagem do atraso, aparece como sinal de uma ausência.

Como paisagem, essa pobreza pode provocar a compaixão, mas não a indignação moral diante de uma regra de justiça que tenha sido violada. Como lembra Hannah Arendt (1974), o primeiro é um sentimento estritamente privado e as ações que são por ele movidas marcam distâncias e reafirmam a inferioridade do outro, que é o seu objeto. A indignação moral só pode existir se houver uma medida comum de equivalência, tendo na lei a referência simbólica a partir da qual os indivíduos, na irredutível singularidade de cada um, podem se reconhecer como semelhantes. Transformada em paisagem, a pobreza é trivializada e banalizada, dado com o qual se convive — com um certo desconforto, é verdade —, mas que não interpela responsabilidades individuais e coletivas. Como se sabe, a trivialização é sinal de uma incapacidade de discernimento e julgamento — é a isso que Hannah Arendt (1966) se refere quando fala da banalidade do mal. Na verdade, a pobreza brasileira, persistente no correr das décadas, é o retrato de uma sociedade que confundiu e ainda confunde modernização com modernidade, uma sociedade na qual as noções de igualdade, liberdade e justiça — valores definidores dos "tempos modernos" — não têm função crítica e, na melhor das hipóteses, viram assunto de uma eterna desconversa que é, para Roberto Schwarz, a marca registrada do que ele chama "desfaçatez de classe".

---

[2] Tomo aqui de empréstimo uma expressão de Süssekind, 1990.

Pobreza e cidadania

HISTÓRIA *VERSUS* NATUREZA:
O LUGAR DA POBREZA
NA SOCIEDADE BRASILEIRA

Pobreza transformada em natureza: pobreza transfigurada em imagens que desfiguram diferenças, desigualdades e conflitos num território indiferenciado para além da sociedade e, portanto, para além da história. É isso que esclarece o sentido de uma exclusão que se processa na lógica de uma cidadania restrita em que os direitos não se universalizam. Pois para além do que existe como regra formal, os direitos — desde que reconhecidos — estruturam a linguagem que torna a defesa de interesses audível na sociedade e dá forma reconhecível aos conflitos. As práticas regidas pelos direitos montam o cenário no qual a experiência da diversidade conflituosa dos interesses se faz como história na medida mesmo em que constrói as balizas por onde o conflito se faz legível e compreensível nos registros de seu acontecimento.

Nas imagens que transformam a pobreza em natureza, a própria história é neutralizada. Presente e visível como paisagem, a pobreza encena o atraso do país — o país dos contrastes. Atraso que aparece como o fardo pesado que a sociedade carrega e que vem de uma história sem autores e responsabilidades, transformada, portanto, também ela, em natureza que ainda precisa ser capturada e transformada sob o signo do progresso.

É nesse modo de figurar o lugar da pobreza na sociedade que o presente evoca a história passada. Se esta pode esclarecer algo de nosso próprio presente, é pela possibilidade de esclarecer a lógica de destituição embutida no modo como são construídas as figuras e os lugares da pobreza na sociedade brasileira. Não se pretende com o que segue reconstituir fatos, acontecimentos e circunstâncias que montam uma história real. O que importa é flagrar as imagens da pobreza através da narração que os historiadores fazem de um Brasil urbano que se constituía na virada do século XIX. Mais especificamente, importa perceber o lugar que a pobreza ocupava no horizonte simbólico da sociedade bra-

Pobreza e cidadania: figurações da questão social   33

sileira. Na recusa da existência de uma questão social — "a questão social é um caso de polícia" — havia a afirmação de um lugar no qual a pobreza era percebida, apreendida e objetivada, para além da cegueira ideológica desse liberalismo peculiar que conseguia a proeza de conviver com a escravidão e conferir razão ao arbítrio embutido num paternalismo de raízes patriarcais.

De fato, nesse Brasil urbano que fazia sua entrada na vida política independente, chama a atenção o quanto a pobreza fazia parte da experiência que se fazia de uma sociedade em mudança, que se queria moderna e civilizada, na direção de um progresso sintonizado com o padrão europeu. O tema do progresso, verdadeira obsessão da época, montava um horizonte simbólico que construía as figuras de um presente dilacerado entre os símbolos nos quais as elites se reconheciam satisfeitas de sua própria modernidade e os sinais de um atraso associado à incivilidade popular e que gerava o desconforto, horror e temor diante de uma realidade que encerava o avesso da sociedade que se queria construir.

Foi nesse horizonte que a miséria urbana foi tematizada por uma opinião pública constituída por jornalistas, cronistas, literatos e políticos, por médicos, juristas, sanitaristas, engenheiros e todos os tipos de especialistas que, banhados do cientificismo da época, advogavam a exigência de uma intervenção reformadora nas cidades para cimentar o caminho do progresso. Os modos de ser das populações pobres das cidades foram radiografados, encenados e dramatizados pela literatura e pela crônica jornalística, que faziam o retrato de uma humanidade degradada pela miséria e ignorância (Sevcenko, 1985); suas condições de vida, seus hábitos, seus costumes, suas práticas amorosas, suas relações familiares foram objeto das atenções de juristas preocupados em tipificar patologias sociais, crimes e comportamentos delinquentes; foram observados e analisados por médicos e sanitaristas preocupados em descobrir as causas sociais e morais da doença, da mortalidade infantil e da loucura (Esteves, 1989; Cunha, 1987; De Decca, 1987; foram alvo das preocupações de militantes liberais que denunciavam a anomia em que viviam os pobres da ci-

34 Pobreza e cidadania

dade e que defendiam cruzadas moralizantes como condição para a formação de indivíduos autônomos e responsáveis, à altura da Nação que se queria construir (Abreu); seus hábitos itinerantes nas cidades e os usos populares de seus espaços foram objeto de preocupações de jornalistas, cronistas e reformadores urbanos, mas também de delegados de polícia que, em seus inquéritos e relatórios, individualizavam tipos sociais e discriminavam instrumentos de controle diferenciados para o vadio, o desempregado, o criminoso, o mendigo, o inválido, o louco, a criança abandonada. Tudo isso junto montava as figuras de uma pobreza que inquietava a sociedade. Mas se a miséria inquietava, era porque o retrato que dela se fazia exalava a ignorância e a incivilidade de uma gente que trazia na própria natureza, como vício de caráter, um passado que se queria superado.

Os traços visíveis da presença popular nos espaços urbanos compunham uma realidade escrita em negativo. O popular, na verdade, era o próprio vazio social. O legado de um passado que se queria esconjurar aparecia transfigurado no caráter de uma gente que não podia se constituir num povo de verdade, porque minada na sua constituição física e moral pelos efeitos de uma mistura perversa de raças e tradições; uma gente sem vocação para a vida disciplinada do trabalho e da família, que fazia do ócio e da vadiagem um estilo de vida, que levava uma vida alheia às regras morais e aos códigos da vida civilizada, que resistia às luzes da razão em seu apego irracional a costumes, crenças e crendices de tempos passados; uma gente, enfim, que vegetava numa existência degradada, feita de ignorância, promiscuidade e desordem moral.

Essas imagens não existiam como um modelo pronto transmitido pela força cultural de tradições. Se é verdade que seus termos foram definidos ainda no Brasil escravagista, configurando os dilemas de uma época obcecada pela questão da construção da nacionalidade num país de escravos, essas imagens foram, no entanto, reelaboradas e redefinidas no terreno conflituoso da vida urbana. Devem por isso mesmo ser entendidas como o registro simbólico de práticas e acontecimentos que teciam uma história

Pobreza e cidadania: figurações da questão social   35

viva no solo da sociedade: trabalhadores pobres que, através da variedade das ocupações incertas e irregulares que a vida urbana permitia, ocupavam as ruas da cidade numa lógica que escapava às regras contratuais do mercado (Chalhoub, 1986) e resistiram como puderam à repressão e destruição de seus espaços, que vieram junto com transformações e reformas urbanas (Sevcenko, 1985); moradores de cortiços e bairros pobres da cidade cuja heterogeneidade de hábitos, costumes e tradições não se ajustava a um padrão de moralidade associado às elites e classes médias, que construíam as regras de uma sociabilidade que desfazia, a cada passo, o sentido de ordem que se imaginava possível impor pela lei (Abreu, 1990; Carvalho, 1987) e que tinham uma "economia moral" que definia uma noção implícita de direitos e deveres nas suas relações com o Estado, de tal forma que quando a ação deste exorbitava e ultrapassava a fronteira do que era percebido como legítimo, a resposta era a resistência aberta ou mesmo a rebelião, como aconteceu na Revolta da Vacina (Carvalho, 1987; Silva, 1976); operários da indústria nascente que faziam greves e reivindicavam direitos, organizavam associações sindicais e publicavam jornais e boletins próprios, que enfrentaram a polícia, resistiram à intransigência patronal, colocando, depois de 1917, a questão social na ordem do dia da vida política republicana (Fausto, 1976).

Essa presença popular era fragmentária e descontínua, além de isolada nos centros urbanos de um país em que o mundo rural ainda predominava como fato e influência política. Mas nem por isso era destituída de eficácia no sentido de produzir fatos e acontecimentos que interagiam na dinâmica política que vinha sendo construída em torno de um Brasil urbano emergente. Porém, nada disso parecia fazer história, eram práticas e acontecimentos registrados nos sinais invertidos de um povo ignorante, incivil e potencialmente perigoso. Na construção dessas imagens, há uma operação simbólica particular que destituía acontecimentos de qualquer significação positiva. Desfigurados na sua dimensão propriamente histórica, estes só poderiam mesmo ser apreendidos no registro da natureza.

36   Pobreza e cidadania

Mas talvez seja nas imagens da desordem urbana que mais se esclareça o sentido da experiência inédita que se fazia dessa pobreza encenada exatamente no lugar que deveria consagrar o *progresso* como símbolo da entrada do país no panteão das nações civilizadas. A imagem de uma cidade insalubre, insegura e perigosa, habitada por uma população rude, estranha, que nem mesmo falava a mesma língua, muito menos compartilhava dos mesmos costumes e que ameaçava a vida civilizada com o crime, a doença, a depravação moral e o motim, traduzia a consciência do divórcio entre dois mundos sem equivalência possível entre si, pois regidos por temporalidades distintas por onde se dava o choque entre as forças do atraso e as forças do progresso. É nessa espécie de confronto entre natureza e cultura que se ancorava a ordem de razões que dava sentido à intolerância social e justificava a repressão e perseguição às manifestações da cultura popular, suas práticas religiosas, seus espaços de sociabilidade, seus usos da cidade e, é claro, a toda forma de aglomeração que pudesse prefigurar a ameaça do motim e da ação desatinada das massas incultas.[3]

Não por acaso a redenção modernizadora do país será pensada nos termos da reforma urbana exigida para organizar os

---

[3] Em 1916, ao propor a transformação da Várzea do Carmo em um parque, o prefeito de São Paulo Washington Luís defendeu a necessidade de uma higienização moral, pois essa região da cidade, "protegida pelas depressões do terreno, pelas arcadas das pontes, pela vegetação das moitas, numa promiscuidade nojenta, composta de negros vagabundos, negras edemaciadas pela embriaguez habitual, de uma mestiçagem viciosa, de restos inomináveis de vencidos de todas as nacionalidades, em todas as idades, todos perigosos. É aí que se cometem atentados que a decência manda calar; é para aí que se atraem jovens estouvados e velhos concupiscentes para matar e roubar (...). Denunciando o mal e indicado o remédio — um parque belo, seguro e saudável — não há lugar para hesitações porque a isso se opõem a beleza, o asseio, a higiene, a moral, a segurança, enfim, a civilização e o espírito de iniciativa de São Paulo". Citado em Paoli, 1989.

Pobreza e cidadania: figurações da questão social   37

espaços da cidade, disciplinar seus usos, moralizar os costumes e retirar as populações das trevas da ignorância. Para Nicolau Sevcenko (1985: 85), a experiência perturbadora de uma modernidade divorciada do real, que não encontrava um solo fixo onde fecundar e se traduzir enquanto Nação, será a matriz da atitude reformista e salvacionista de toda uma geração de intelectuais que se autorrepresentavam como agentes e condição da transformação. Convictos da possibilidade de gerir os destinos do país através da ciência, esses intelectuais se propuseram a um "mergulho profundo na realidade do país, a fim de conhecer-lhe as características, os processos, as tendências e poder encontrar um veredito seguro, capaz de descobrir uma ordem no caos presente ou pelo menos diretrizes mais ou menos evidentes, que permitiam um juízo concreto sobre o futuro". Mas, nesse caso, o real não se apresentava como mundo social construído através da interação humana. Para usar os termos de Flora Süssekind, tratava-se do olhar desterrado diante de um real que prescindia da reflexão pois já dado, conformado que foi previamente pelo passado transformado em natureza. Em outras palavras, a notação do real não frutificava no sentido de se buscar os termos pelos quais problematizar a sociedade a partir de seus acontecimentos e conflitos.[4]

Essa é uma questão tratada por Maria Alice Rezende (1989), que localiza nisso, nesse real que não surge como positividade, pois percebido no registro do vazio e da ausência, a chave que elucida a história de uma República que "nunca guardou compromisso

---

[4] "Perdidos no seu próprio presente, esses homens vasculharam-no em busca de indícios de futuro. O que, evidentemente, tem efeito reversivo, já que, decretado o desejo de sublimação, o futuro tem o significado de uma metáfora que denuncia os seus anseios, os seus projetos, o seu sentimento e sobretudo, sua impotência diante do presente. Essas suas formas de querer, ser e sentir têm uma raiz social e é dela que elas falam. O estudo da realidade brasileira tem, pois, também, esse efeito curioso de aliviar a angústia de homens naufragados entre o passado e o presente, à procura de um ponto fixo em que se apoiar" (Sevcenko, 1985: 86).

com uma política e uma legalidade determinadas"; uma República caracterizada sobretudo por um "esvaziamento progressivo das questões éticas" e pela vigência de toda sorte de voluntarismos salvacionistas "animados pela noção de Progresso". Na interpretação da autora, a predominância na segunda metade do século XIX do tema do progresso associado à questão da superação da herança colonial e da construção de uma identidade nacional irá repor a precedência do Estado sobre a sociedade, enquanto razão modernizadora a partir da qual a história poderia ser lida como a passagem progressiva da "cidade indigna" para a "a cidade ideal". Daí a autora dizer que a cultura da reforma conformou os termos da nova civilização brasileira. A modernização aparece como mito de origem que legitima o regime na sua tarefa de construção racional da Nação, de tal forma que essa legitimidade se descola do espaço político dos conflitos por onde foi resolvida a construção republicana nas sociedades modernas.

A razão nacional formulada nos termos da cidade ideal que se queria construir por uma intervenção orientada pela ciência correspondia a "uma preocupação excessiva com o conhecimento sobre a cidade e, principalmente, sobre seus habitantes, dado que os reformadores compartilhavam da crença comum no século XIX de que a verdade equivale à justiça e que a força da denúncia, ao abolir os preconceitos, eliminaria as iniquidades" (Rezende, 1989: 315). Mas a cidade ideal iria se chocar o tempo todo com a cidade real, com sua sociabilidade conflitiva e plural que desafiava as possibilidades de um princípio único de ordenamento e que ficava sem palavras para ser nomeada nos termos dos seus conflitos, antagonismos e contradições. Nesse caso, a experiência que se fazia do social repunha a imagem de uma sociedade fraturada internamente por tempos e culturas distintos, um "mundo de insuficiências", como diz Rezende, fragmentário, inconstante, privado de um princípio de finalidade, de tal forma que essa experiência só poderia ser descrita nos termos de uma desordem que, no limite, punha em risco as condições da vida em sociedade. No contexto do particularismo e privativismo patriarcal da

Pobreza e cidadania: figurações da questão social

época, o imaginário do progresso registrava, ao mesmo tempo que repunha, a impossibilidade da experiência das oposições e conflitos de interesses construir uma história e balizar a memória de seu próprio tempo. Esta operação será projetada na ficção de um Estado — Estado demiurgo — capaz de construir a sociedade pela vontade modernizadora: construção, portanto, que prescinde de uma sociabilidade rotinizada pelo trabalho ou pela institucionalidade política liberal-democrática e que se situa no tempo homogêneo da modernização, como caminho linear do estado de ausência para a plenitude prometida pelo progresso. Mas com isso o divórcio entre sociedade e Estado é reaberto, pela fratura entre a realidade e esse lugar onde uma noção de bem público referida à "cidade ideal" se constitui.[5]

Nesse horizonte simbólico em que o social aparece como mundo naturalizado e constituído fora da interação humana, em que o povo é figura ausente e o indivíduo é reduzido a pessoa desprovida dos atributos da razão, da moralidade e da autonomia, não poderia mesmo haver uma noção de questão social tal como contemporaneamente é entendida — isso significaria reconhecer o que não poderia ter lugar: uma positividade no mundo social apreendida no acontecimento dos conflitos e nas relações que articulam classes, grupos e indivíduos. É isso sobretudo que esclarece os termos pelos quais foi recusada a existência de uma

---

[5] "Nosso mito, aliado à crônica rejeição do mundo fatual que herdamos do Império, impuseram uma certa desconfiança de que a História pudesse tornar-se objeto de conhecimento, levando-nos a construir e venerar a memória de alguns heróis, a desconsiderar a necessidade de uma historiografia republicana e a desenvolver uma reflexão eternamente em busca do momento em que o país real pudesse se 'ajustar' à vida republicana... O tema do progresso... repõe o problema ontológico (da origem da República) que implica a concepção de um intervalo aberto entre a realidade — res, rei — e o público. Numa palavra, a res está além do público e se manifesta sob a forma de algo atemporal que, no entanto, articula e torna significativo o mundo histórico" (Rezende, 1989: 319).

40   Pobreza e cidadania

questão social, apesar dos conflitos operários, apesar das denúncias das condições degradadas de vida e trabalho de que os documentos da época dão vários exemplos, apesar das vozes públicas que advogavam a exigência de direitos e de mudanças nas relações de trabalho (Gomes, 1979). A questão social era negada sob argumentos que forjavam a imagem de um país transformado em pura natureza — natureza generosa: um país cheio de recursos, de possibilidades e chances de trabalho e mobilidade social. Um país, portanto, em que estavam ausentes, ao contrário de outras terras, as condições que poderiam alimentar a "desinteligência de nossas classes operárias" com seus patrões. Daí a questão social não ser um problema relativo à ordem social, mas sim à ordem pública por conta da agitação de uma minoria de estrangeiros vindos "de outros climas, habituados a outras leis e martirizados por sofrimentos por nós desconhecidos".[6] Quando se admitia a necessidade da intervenção do Estado, a ênfase que predominava estava cunhada pelo paternalismo assistencialista da época, que propunha a legislação social não como um direito do trabalhador, mas como "uma preocupação de cunho sanitário e moral, tendo a família como seu objetivo e a casa como seu campo de atuação" (Gomes, 1979: 102). Quanto aos direitos trabalhistas, eram abertamente recusados sob argumentos regidos por todos os preconceitos de uma sociedade de recente passado escravagista: a tutela fabril era reafirmada como recurso para disciplinar e formar o caráter de trabalhadores incapazes e despreparados para receber os direitos que lhes estavam sendo propostos. Nesse caso, as luzes do progresso identificadas com o trabalho industrial se associavam com o paternalismo patriarcal que transcrevia relações de trabalho — e o conflito no seu interior — no registro de hierarquias naturais projetadas a partir de um modelo privado de autoridade (Gomes, 1979; Paoli, 1987). Os tra-

---

[6] Washington Luís em programa de lançamento oficial de sua candidatura, em 27 de dezembro de 1925. Citado em Gomes, 1979: 101.

Pobreza e cidadania: figurações da questão social

balhadores continuavam sendo vistos como pobres, gente humilde que precisava da tutela, merecia o favor e a caridade, mas jamais direitos. Como diz Paoli (1989), "ao que tudo indica, este horizonte simbólico encontrava consenso moral também nas classes médias: um horizonte simbólico que despachava os trabalhadores pobres para o mundo do favor, da dependência, da hierarquia excludente; uma figura que para ser incluída na ordem das coisas necessitava ser um habitante silencioso e sem interioridade, constituído por obra benemérita das elites".

Não se trata aqui de denunciar os horrores da República Velha. Tampouco cobrar de seus contemporâneos o que talvez estivesse fora do horizonte histórico da época. Importa, porém, chamar a atenção para uma figuração das desigualdades que obsta a construção de um princípio de equivalência que confira ao outro — as classes populares — identidade e estatuto de sujeito. É nisso que se explicita o significado de uma cidadania que excluiu as maiorias e se transformou em prerrogativa exclusiva do proprietário-cidadão (Abreu, 1988), pois a regra que define os atributos que qualificam os indivíduos como cidadãos confere ao mesmo tempo legitimidade às suas formas de vida e modos de ser. Os que escapam a essa medida não têm a dignidade de sujeito. Fora da regra, não fazem parte da sociedade e são fixados, por isso mesmo, no terreno da natureza: mundo naturalizado conformado pela obra cega dos tempos. Se os que estão fora lutam, resistem, protestam, se têm vontades e constroem suas próprias razões, nada disso pode emergir como algo pertinente à vida em sociedade. No mundo público, são apenas os "pobres", expressão que sugere mais do que uma simples descrição sociológica da realidade porque expressa uma indiferenciação que é a forma mais radical da destituição: os pobres são aqueles que não têm nome, não têm rosto, não têm identidade, não têm interioridade, não têm vontade e são desprovidos da razão. Nessa (des)figuração, é definido também o seu lugar na ordem natural das coisas: são as classes baixas, as classes inferiores, os ignorantes, que só podem esperar a proteção benevolente dos superiores ou então a caridade da filantropia privada. As figuras da pobreza dizem, portanto, mais do que os horrores da privação material. Elas montam um cenário no qual a sociedade se faz ver no modo mesmo de sua constituição. No interior de um imaginário que desrealiza a realidade no registro do vazio e carência, a questão da pobreza esclarece algo desse divórcio entre Brasil real e Brasil legal, entre Estado e Nação, Estado e sociedade que inquietava os contemporâneos e que foi e ainda é tematizado por tantos quantos se debruçaram sobre nossa história republicana. Pois esses são os termos que traduzem os paradoxos de uma sociedade na qual o universalismo burguês que conferia uma identidade moderna às elites não chegava no plano das relações sociais herdadas do passado colonial e escravagista. Ao "Brasil legal" correspondiam, no "Brasil real", a violência, o mandonismo local e a capangagem, o que significa dizer a indistinção entre público e privado, arbítrio e lei, norma e vontade pessoal.[7] Ou seja, o retrato perfeito de uma República oligárquica: um mundo em que a delimitação da dimensão pública da sociedade que, em princípio, a lei proclama e a institucionalidade garante não tem força normativa diante das vontades privadas; em que a ordem legal não é para valer ou só o é quando torna-se instrumento de interesses pessoais; em que a defesa de interesses prescinde da mediação representativa porque se faz nas relações de favor entre pessoas privadas; em que conflitos e oposições não chegam a ganhar forma institucional porque são resolvidos no uso bruto da força e da violência. Esse mundo não poderia mesmo se constituir como sociedade — sociedade civil, poderíamos dizer — se por isso entendermos uma esfera de sociabilidade que articula indivíduos e classes no próprio terreno conflituoso dos interesses e constrói algo como uma dicção comum — mas não idêntica — que permite a interlocução.

---

[7] Essa questão é discutida por Marilena Chaui (1987).

Num mundo social que tinha por única medida o particularismo patriarcal, a ficção de um povo inexistente vira, portanto, realidade. Mil vezes repetida, entre o desgosto e o desprezo pela triste realidade brasileira, a ideia de um povo apático, alheio, incivil e desprovido de espírito público dizia algo mais do que o descompasso entre a realidade brasileira e os modelos conhecidos de cidadão importados de outras realidades. Murilo de Carvalho (1987) tem razão ao dizer que o problema estava na enorme distância entre a população e as elites que não conseguiam ver discernimento no comportamento popular. Mas é essa distância que interessa compreender. Murilo de Carvalho chama a atenção para o fato de que, nos anos iniciais da República, as várias propostas — em conflito entre si — de República e cidadania que ocupavam o universo ideológico da época padeciam de uma ambiguidade de fundo quanto à sua ideia de povo e ao seu modelo de cidadão. Se era comum a insatisfação com o passado, também o era a incerteza quanto aos rumos do futuro e, sobretudo, "quanto à reação do público a que se dirigiam ou, em alguns casos, quanto à própria identidade desse público" (p. 66). Mas seria inútil procurar um povo, pois este não estava em lugar nenhum: quando ficava no lugar que lhe era atribuído, correspondia à imagem de povo humilde, resignado, pacífico, obediente, mas... bestializado; quando saía desse lugar através do protesto, do motim ou da greve, dissolvia-se na imagem da turba de desordeiros, ignorantes, vagabundos e desclassificados movidos pela desrazão. Não se trata, portanto, da distância empírica entre dois universos sociais e culturais cujos contornos poderiam ser claramente fixados sob um olhar antropológico. A distância sugere a impossibilidade de uma medida comum que, no interior da diversidade dos modos de ser e dos antagonismos de interesses, estabelecesse alguma regra de equivalência entre as diferenças. *A exclusão da cidadania, ao mesmo tempo que expressa, repõe essa impossibilidade.*

A exclusão do outro enquanto diferença reconhecida como identidade e representação significa uma sociedade sem alteridade. Sem alteridade, é uma sociedade que se fecha ao questionamento que a experiência do conflito sempre acarreta. Em primeiro lugar, é uma sociedade que bloqueia a possibilidade da construção propriamente política de uma noção do bem público na relação sempre tensa e problemática entre a sua definição oficial corporificada na institucionalidade legal e jurídica e as razões que formulam os critérios de validade e pertinência pública dos interesses em conflito.[8] Daí a persistência de uma figura do bem público que se confunde com um Estado demiurgo, uma noção de bem público que é formulada nos termos exclusivos da razão estatal, mas que se realiza, de fato, na prática patrimonialista da privatização da coisa pública. Em segundo lugar, é uma sociedade que se subtrai a uma reflexão que problematize sua experiência a partir das questões postas pelo tempo histórico de seu acontecimento. Não por acaso, a reflexão que em outros lugares produziu uma historiografia, aqui se realizou na tentativa de ancorar a singularidade do país na geografia que determina o reino dos fatos e o caráter de sua gente.[9] Ao invés dos registros da história, é a natureza — aqui, natureza-meio — que aparece como referência das origens de um país sempre em busca de sua própria identidade: basta lembrar que a busca por um "povo brasileiro" sempre se traduziu na tentativa de fixar tipos sociais enquanto expressão de um caráter nacional produzido na simbiose entre as raças e entre estas e a natureza; quanto à ideia de Nação, esta foi sempre associada a uma natureza generosa — o "berço esplêndido" — que prefigura o país do futuro — o "gigante adormecido" — pelas riquezas que contém; riquezas, é bom notar, que prescindem do trabalho para existir enquanto tal.

Sem alteridade, esta é uma sociedade na qual a realidade vira o espelho de uma projeção narcísica das elites. Daí essa espécie

---

[8] A respeito, ver Torres, 1989.

[9] Aqui, como não lembrar o percurso de Euclides da Cunha para fazer de Canudos um fato que releva da natureza, enquanto meio, neutralizando, por essa via, a efetividade da história no acontecimento do conflito?

Pobreza e cidadania: figurações da questão social

de esquizofrenia de que o país padece ainda hoje, em que identidades modernas projetadas na imagem (ou miragem) de um Brasil civilizado neutralizam a incivilidade nas práticas sociais. São os "dois Brasis" embutidos na forma como as relações sociais se instituem (Schwarz, 1990). De um lado, isso significa uma realidade transformada em cena de delinquência generalizada em que ninguém é responsável por nada, pois cada um faz de si sua própria lei e toma seus interesses como a medida de todas as coisas. Uma sociedade como essa só poderia mesmo ter gerado um capitalismo selvagem e predatório — um capitalismo sem ética protestante, como já se disse várias vezes — no qual inexiste a ideia de povo, território e cultura enquanto valores e categorias políticas que balizam o jogo dos interesses por referência a um "mundo comum" construído como história e legado das gerações. Em segundo lugar — o mais importante, do ponto de vista das questões aqui discutidas —, a realidade do arbítrio, da violência, da iniquidade fica sem palavras para ser nomeada. A destituição do "pobre" encontra aqui a sua tradução mais completa: privação da palavra, ou seja, a privação de um mundo de significações no qual suas vontades, necessidades e aspirações pudessem ser elaboradas e reconhecidas nas suas próprias razões.

Nesse ponto, impossível não lembrar da triste figura de Isaías Caminha. Como sempre acontece, a literatura se antecede à reflexão teórica, dando forma e significado ao que ainda se mantém latente e invisível na experiência que os homens fazem do mundo. Ao descrever as desventuras de Isaías Caminha, Lima Barreto faz o relato de uma experiência muda que por estar privada da palavra não pode criar vínculos com os iguais da sorte, experiência que só pode ser vivida na mais radical solidão e no sentimento dilacerante da humilhação que, no limite, faz duvidar de sua própria identidade. Impossibilidade da palavra, pois qualquer expressão corre o risco de revelar a origem indigna, marca da inferioridade social e sina dos que não têm lugar fora das relações de tutela e favor. Nas *Recordações do escrivão Isaías Caminha*, Lima Barreto descreve uma trajetória de destruição da interioridade de um sujeito que não tem como reagir no mundo e ao mundo, sujeito que a rigor não se constitui como tal porque tem sua vontade sequestrada, impotente que é para escolher o seu próprio destino.[10] São os sonhos de glória que se estilhaçam num mundo hostil em que cada evento, cada palavra, cada ato declara a sua inferioridade e sua nulidade: a indiferença do senador que lhe recusa proteção, a acusação de roubo, a recusa de emprego, a desqualificação de sua vontade como presunção de alguém que não conhece o seu lugar. Encontrar um lugar nesse mundo significa abrir mão de tudo o que poderia constituir uma identidade, pois é lugar atribuído por aqueles que detêm poder de decidir, entre a humilhação, a indiferença e a cooptação, o destino do outro inferior. Nesse caso, o trabalho honesto não é suficiente para definir um modo de reconhecimento: é a proteção do superior e o prestígio dourado de uma redação de jornal que conferem algo próximo de uma dignidade à mediocridade das tarefas de um contínuo humilde e prestativo. Se vem uma promoção inesperada, é porque um golpe de sorte o faz cair nas graças de alguém "de cima" que soube se aproveitar de seus talentos. Ao final de tudo isso, resta uma figura vazia, espelho no qual o superior-protetor se enxerga envaidecido de seu próprio poder (Paes, 1988).

* * *

Na história aberta em 1930, o Estado irá atribuir estatuto civil a uma gente que só encontrava lugar nas relações de favor e estava sujeita à arbitrariedade sem limites do mando patronal. Esse estatuto civil será definido pelo trabalho, como dever cívico e obrigação moral perante a Nação. Com isso, é certo, o Estado getulista conferiu ao trabalho uma dignidade que era recusada por uma sociedade recém-saída da escravidão. E, através da legislação trabalhista, quebrou a exclusividade do mando patronal, colocando o espaço fabril no âmbito da intervenção estatal. Porém,

---

[10] Essa questão é discutida por José Paulo Paes (1988).

é no modo como o estatuto do trabalho foi definido — e a cidadania formulada — que se aloja o enigma de um projeto de modernidade que desestruturou as regras da República oligárquica, mas repôs a incivilidade no plano das relações sociais.

Nos termos de uma democracia social, o trabalho ganhará um sentido público inédito: será identificado ao "bem comum" corporificado na figura de um Estado que, através da justiça social, ordena a sociedade e constrói a Nação. O trabalho será projetado por inteiro no espaço do poder, por referência ao qual o lugar de cada um será definido na sociedade: através do trabalho o indivíduo passava a ter existência civil e se transformava em cidadão ao qual o Estado oferecia a proteção dos direitos sociais; através do trabalho, o indivíduo ganhava personalidade moral enquanto prova de compromisso com a Nação; através do trabalho, finalmente, o indivíduo ganhava identidade social enquanto atributo de honestidade que neutralizava o estigma da pobreza (Gomes, 1989). A figuração política do trabalho se confundia, portanto, com figuração do próprio poder no interior de um discurso que fazia da justiça social a obra civilizadora por excelência, que tirava o trabalhador do estado de natureza, o redimia da pobreza através da proteção ao trabalho e o dignificava enquanto Povo e Nação. Sob o silêncio imposto pela repressão e pela razão totalizadora do Estado, esse discurso acompanhava a regulamentação da vida fabril, construindo a ficção da lei que garante direitos pela força que emana do lugar de sua enunciação e que prescinde da ação coletiva, enquanto luta, conquista e representação (Paoli, 1987).

No entanto, a legislação social e o decreto do salário mínimo não foram suficientes para impedir a deterioração das condições de vida da população trabalhadora, bem como a formulação legal não significava a vigência prática dos direitos que eram abertamente desrespeitados ou então manipulados e instrumentalizados para reforçar ainda mais o mando privado patronal. Como mostra Paoli (1987: 57), a lei que dava existência jurídica aos direitos do trabalho também prescrevia os modos aceitos de contestação pelas vias dos procedimentos jurídicos e dos caminhos burocráticos da Justiça do Trabalho: os direitos se transformaram em regras legais no processo de trabalho, mas deslegitimaram a reivindicação e legalizaram a repressão. Quanto aos que tinham uma condição de existência percebida como impermeável à regulação legal, incapazes portanto de pertencimento cívico, esses eram os "outros", os que estavam fora, não eram trabalhadores por mais que exercessem regularmente uma atividade produtiva, não faziam parte do povo e não mereciam a proteção do Estado: desempregados, subempregados, trabalhadores domésticos, autônomos caíam na vala comum de uma condição criminalizada e indiferenciada que os confundia com o marginal, o criminoso e o subversivo. Para todos esses, a esfera pública só existia como repressão e toda sua existência era rigorosamente privatizada e destituída de significado positivo. Na melhor das hipóteses, eram os desprivilegiados da sorte "cujas dificuldades (eram) vistas apenas como pessoais, privadas, qualidades negativas ou situações azaradas" (Paoli, 1985: 92).

Numa sociedade tornada pública pela regulamentação estatal, a vida social será privatizada na medida em que dela é retirada a possibilidade da ação, representação e negociação de interesses, repondo a violência nas relações civis. Dignificado o trabalho no lugar do poder, o trabalhador é ao mesmo tempo desreconhecido e desqualificado como sujeito de experiências válidas, já que interpelado como trabalhador pobre desamparado que precisa da tutela estatal ou então estigmatizado como fonte do crime e da desordem social. Transformada em símbolo legitimador de um poder que fez dela a celebração pública da modernidade inauguradora dos novos tempos, a justiça social como dever administrado pelo Estado irá ao mesmo tempo desobrigar a sociedade do destino de seus cidadãos, como algo que não interpela responsabilidades sociais nas circunstâncias que afetam a vida de toda uma classe. E é isso que arma o paradoxo de um projeto de modernidade que colocou a questão social no centro da vida política brasileira, mas repôs os pressupostos de um capitalismo

Pobreza e cidadania: figurações da questão social

selvagem e predatório: promete a redenção da pobreza no mesmo ato em que a reproduz na figura do pobre desprotegido; proclama os direitos mas desfaz sua eficácia nas relações entre as classes.

A questão social colocada como tarefa de um Estado redentor sobretudo parece repor esse imaginário em que o presente é desatualizado e desrealizado entre as imagens do atraso e a miragem do futuro em que, por obra do Estado demiurgo, a virtualidade do país — o "país do futuro" — se realiza. No país das promessas — os populismos de todos os tipos, o que são senão uma reiterada neutralização do presente em nome do futuro luminoso prometido? — a pobreza vira a sombra que o passado projeta no presente: o desemprego, a fome, a doença, a invalidez, a mortalidade, a destituição material ficam por conta de circunstâncias genéricas em que não existem sujeitos e muito menos responsabilidades, apenas falam dos destinos da história que fizeram deste país um país pobre, porém pleno de possibilidades. Nessa representação, os antagonismos e conflitos desaparecem na sua positividade sob a figuração da "Indústria" como agente da modernização que produz riquezas e gera o emprego para os que dele precisam. Quanto aos dramas da sobrevivência, são desvinculados das relações de classe e submergidos na figuração desidentificadora da pobreza: tornam-se "dado de realidade" nomeado apenas para lembrar as responsabilidades do Estado em amparar e proteger aqueles que não conseguem, com seu próprio trabalho, garantir um lugar ao sol numa sociedade generosa em possibilidades de ascensão e mobilidade social.

O POBRE OU O CIDADÃO:
AS FIGURAS DA QUESTÃO SOCIAL

Muita coisa mudou no Brasil atual. Para retomar os termos da abertura desse capítulo, no correr dos anos 80, o "Brasil real" ganhou voz própria e se fez ver através de uma sociedade percebida como solo de experiências válidas porque espaço de representação e negociação de interesses e de formação de uma opinião pública plural que recusa a exclusividade da voz do poder. Para usar a expressão de Weffort (1984), a "descoberta da sociedade" se fez na experiência dos movimentos sociais, das lutas operárias, dos embates políticos que afirmavam, perante o Estado, a identidade de sujeitos que reclamavam por sua autonomia, construindo um espaço público informal, descontínuo e plural por onde circularam reivindicações diversas. Espaço público no qual se elaborou e se difundiu, como diz Lefort (1986), uma "consciência do direito a ter direitos", conformando os termos de uma experiência inédita na história brasileira, em que a cidadania é buscada como luta e conquista e a reivindicação de direitos interpela a sociedade enquanto exigência de uma negociação possível, aberta ao reconhecimento dos interesses e das razões que dão plausibilidade às aspirações por um trabalho mais digno, por uma vida mais decente, por uma sociedade mais civilizada nas suas formas de sociabilidade.

No horizonte da cidadania, a questão social se redefine e o "pobre", a rigor, deixa de existir. Sob o risco do exagero, diria que pobreza e cidadania são categorias antinômicas. Radicalizando o argumento, diria que, na ótica da cidadania, pobre e pobreza não existem. O que existe, isso sim, são indivíduos e grupos sociais em situações particulares de denegação de direitos. É uma outra figuração da questão social, que põe em cena a ordem das causalidades e responsabilidades envolvidas em situações diversas e nem sempre equivalentes. São situações diversas de denegação e privação de direitos, que se processam em campos diferentes, com responsabilidades e causalidades identificáveis e que armam, ao menos virtualmente, arenas distintas de representação e reivindicação, de interlocução pública e negociação entre atores sociais e entre sociedade e Estado.

Ao invés do "pobre" atado pelo destino ao mundo das privações, o cidadão que reivindica e luta por seus direitos: duas figurações opostas e excludentes da questão social. A indiferenciação do pobre remete a uma esfera homogênea das necessidades

Pobreza e cidadania: figurações da questão social 51

na qual o indivíduo desaparece como identidade, vontade e ação, pois é plenamente dominado pelas circunstâncias que o determinam na sua impotência. A figura do pobre se filia a uma sociedade autoritária que obsta a constituição de uma esfera pública na qual grupos e classes possam fazer valer seus interesses e razões. Nessa figuração, a realização da justiça prescinde dos direitos e do debate público sobre o justo e o injusto e se confunde com a "felicidade pública" que supostamente apenas o Estado pode expressar e garantir através de sua intervenção na sociedade.[11]

É essa homogeneização carregada de consequências, inscrita na figura do pobre, que a prática da cidadania dissolve. E é contra a desrealização da questão da pobreza que a prática da cidadania se põe, na medida em que torna presentes necessidades sociais e coletivas no interior de uma linguagem — a linguagem dos direitos — que as coloca no centro das relações sociais e da dinâmica política da sociedade. Para colocar a questão num outro registro, é através das práticas de cidadania que se faz a passagem

---

[11] Para Lefort (1986: 50), é a existência de um espaço público atravessado pela consciência do direito a ter direitos que define uma forma democrática de sociedade: "a apreensão democrática do direito implica a afirmação de uma palavra que (...), sem encontrar garantias nas leis estabelecidas ou na promessa do monarca, faz valer sua autoridade, na espera de uma confirmação pública, em razão de um apelo à consciência pública". Daí não ser essa palavra a mesma coisa que uma demanda dirigida ao Estado. Daí também a diferença entre a assistência que o Estado pode garantir em nome dos direitos e aquilo que um Estado totalitário pode efetivamente realizar a título de proteção ao bem-estar de seus cidadãos. Nesse caso, não se pode falar propriamente de direitos, pois "o discurso do poder é suficiente, ele ignora toda palavra que esteja fora de sua órbita". Dessa forma, esse direito se transforma na outorga de um poder que, sempre arbitrário, "não cessa de fazer a triagem entre aqueles aos quais ele concede os benefícios de suas leis e aqueles que são excluídos dela". Enquanto outorga, os direitos criam súditos e não cidadãos, pois "maquiados em direitos, não são mais que fornecimentos que os indivíduos recebem, tratados que eles são como dependentes e não como cidadãos".

da natureza para a cultura, tirando o outro do indiferenciado e inominado, elaborando sua(s) identidade(s), construindo o(s) seu(s) lugar(es) de pertencimento e integrando-o(s) por inteiro nesse espaço em que a experiência do mundo se faz como história.

Se nesses anos, ao longo dos anos 80 e início dos 90, a trama da sociedade brasileira se modificou, abrindo-se ao reconhecimento das demandas populares, mesmo que no modo ambíguo e ambivalente de uma opinião pública sempre pronta a desfazer sua legitimidade e evocar as velhas imagens da desordem; se a negociação já se torna factível no lugar em que antes apenas existia a violência que, sem deixar de estar presente o tempo todo, já não aparece como resposta exclusiva e evidente por si mesma na ordem de suas razões; se a palavra "trabalhador" (e do trabalhador) começa a ser acolhida positivamente, rompendo o sentido antes unívoco de inferioridade, mesmo que a acusação de ignorância e incompetência para a coisa pública continue a mobilizar o imaginário coletivo e a tranquilizar a opinião pública "esclarecida", que se vê confirmada em seus arraigados preconceitos; se tudo isso pôde acontecer, é porque no campo dos conflitos que agitaram toda essa década, foi construída uma trama representativa por onde a reivindicação por direitos pôde circular, criando identidades onde antes parecia só existir homens e mulheres indiferenciados na sua própria privação. As ambiguidades e ambivalências nesse processo, muito ligeiramente sugeridas acima, "apenas" mostram que é penoso o caminho na direção de uma sociedade mais igualitária e democrática. Mostram que as conquistas se fazem com dificuldades sob o pano de fundo de uma gramática social (e política) regida por regras muito excludentes que repõem velhas hierarquias, criam outras tantas e excluem do jogo as maiorias. Mas mostram também que é pelo ângulo dessa sociedade civil atuante que é possível entrever horizontes possíveis para uma utopia democrática.

Pobreza e cidadania: figurações da questão social

BIBLIOGRAFIA

ABREU, Sergio Adorno; CASTRO, Myrian Mesquita. "A pobreza coloniza-da". *Revista Serviço Social e Sociedade*, n° 17, pp. 49-72, 1985.

ABREU, Sergio Adorno. "A gestão filantrópica da pobreza urbana". *São Paulo em Perspectiva*, São Paulo, Fundação Seade, vol. 1, n° 4, pp. 9-17, abr./jun. 1990.

_____. *Os aprendizes do poder: o bacharelismo liberal na política brasileira*. Rio de Janeiro: Paz e Terra, 1988.

ARENDT, Hannah. *Eichmann à Jerusalem: rapport sur la banalité du mal*. Paris: Gallimard, 1966.

_____. "La decadencia de la Nación-Estado y el final de los derechos del hombre". In: *Los orígenes del totalitarismo*. Madrid: Taurus, 1974, pp. 343-84.

CARVALHO, José Murilo de. *Os bestializados: o Rio de Janeiro e a República que não foi*. São Paulo: Companhia das Letras, 1987.

CARVALHO, Maria Alice Rezende. "República Brasileira: viagem ao mesmo lugar". *Dados, Revista de Ciências Sociais*, vol. 30, n° 3, pp. 303-21, 1989.

CASTRO, Maria Helena G.; FARIA, Wilmar. "Política social e consolidação democrática no Brasil". In: MOURA, Alexandrina S. (org.). *O Estado e as políticas públicas na transição democrática*. São Paulo: Vértice, 1989.

CHALHOUB, Sidney. *Trabalho, lar e botequim: o cotidiano dos trabalhadores no Rio de Janeiro da Belle Époque*. São Paulo: Brasiliense, 1986.

CHAUI, Marilena. *Conformismo e resistência: aspectos da cultura popular no Brasil*. São Paulo: Brasiliense, 1987 (2ª ed.).

CUNHA, Maria Clementina. *O espelho do mundo: Juquery, a história de um asilo*. Rio de Janeiro: Paz e Terra, 1987.

DA MATTA, Roberto. *A casa e a rua: espaço, cidadania, mulher e morte no Brasil*. São Paulo: Brasiliense, 1985.

DE DECCA, Maria Auxiliadora Guzzo. *A vida fora das fábricas: cotidiano operário em São Paulo (1920-1934)*. Rio de Janeiro: Paz e Terra, 1987.

ESTEVES, Martha de Abreu. *Meninas perdidas: os populares e o cotidiano do amor no Rio de Janeiro da Belle Époque*. Rio de Janeiro: Paz e Terra, 1989.

EWALD, François. *L'État providence*. Paris: Grasset, 1985.

FAORO, Raimundo. *Os donos do poder: formação do patronato político brasileiro*. Rio de Janeiro: Globo, 1987 (7ª ed.).

FAUSTO, Boris. *Trabalho urbano e conflito industrial*. São Paulo/Rio de Janeiro: Difel, 1976.

GAUCHET, Marcel. *La Révolution des droits de l'homme*. Paris: Gallimard, 1989.

_____. "Tocqueville, l'Amérique et nous: sur la genèse de la societé democratique". *Libre*, Paris, Payot, n° 7, pp. 43-120, 1980.

GOMES, Maria Angela Castro. *Burguesia e trabalho: política e legislação social no Brasil, 1917-1937*. Rio de Janeiro: Campus, 1979.

_____. *A invenção do trabalhismo: política e legislação no Brasil, 1917-1937*. Rio de Janeiro: Campus, 1989.

HOLANDA, Sérgio Buarque de. *Raízes do Brasil*. Rio de Janeiro: José Olympio, 1984 (18ª ed.).

IDESP. "As elites brasileiras e a modernização do setor público". Relatório de pesquisa, 1990.

JAGUARIBE, Hélio. Entrevista: "Jaguaribe teme uma explosão social no país". *Folha de S. Paulo*, 1/12/1990, p. B-16.

LEFORT, Claude. "Les droits de l'homme et l'État-providence". In: *Essais sur le politique: XIXe-XXe siècles*. Paris: Seuil, 1986, pp. 31-58.

OLIVEIRA, Francisco de. *O elo perdido: classe e identidade de classe*. São Paulo: Brasiliense, 1987.

PAES, José Paulo. "O pobre diabo no romance brasileiro". *Novos Estudos CEBRAP*, n° 20, pp. 38-53, mar. 1988.

PAOLI, Maria Célia. "Mulheres: o lugar, a imagem, o movimento". In: FRANCHETO, Maria Laura *et al. Perspectivas antropológicas da mulher*. Rio de Janeiro: Zahar, 1985.

Pobreza e cidadania: figurações da questão social

_____. "Os trabalhadores na fala dos outros: tempo, espaço e classe na história operária brasileira". In: LOPES, José Sergio Leite (org.). *Cultura e identidade operária: aspectos da cultura da classe trabalhadora*. Rio de Janeiro: Marco Zero, 1987, pp. 53-102.

_____. "Trabalhadores e cidadania: experiência do mundo público da história do Brasil Moderno". *Revista de Estudos Avançados da USP*, vol. 3, n° 7, pp. 40-66, 1989.

PAULO, Heloisa Helena de Jesus. "Mercado e polícia: São Paulo, 1890-1915". *Revista Brasileira de História*, vol. 14, n° 7, pp. 115-30, mar./ago. 1987.

RAGO, Margareth. *Do cabaré ao lar: a utopia da cidade disciplinar, Brasil 1890-1930*. Rio de Janeiro: Paz e Terra, 1985.

SANTOS, Wanderley Guilherme dos. *Cidadania e justiça: a política social na ordem brasileira*. Rio de Janeiro: Campus, 1979.

SCHWARZ, Roberto. *Ao vencedor as batatas*. São Paulo: Livraria Duas Cidades, 1988 (3ª ed.).

_____. *Um mestre na periferia do capitalismo: Machado de Assis*. São Paulo: Duas Cidades, 1990.

SEVCENKO, Nicolau. *Literatura como missão: tensões sociais e criação cultural na Primeira República*. São Paulo: Brasiliense, 1985.

SPOSATI, Aldaiza. *A vida urbana e a gestão da pobreza*. São Paulo: Cortez, 1988.

SÜSSEKIND, Flora. *O Brasil não é longe daqui: o narrador, a viagem*. São Paulo: Companhia das Letras, 1990.

TORRES, João Carlos Brum. *Figuras do Estado moderno: representação política no Ocidente*. São Paulo: Brasiliense, 1989.

WEFFORT, Francisco. *Por que a democracia?* São Paulo: Brasiliense, 1984.

2.
OS SENTIDOS DA DESTITUIÇÃO

Pobreza como paisagem, natureza. Essa foi a questão tratada no capítulo anterior. Continuando o argumento, seria possível dizer que o espetáculo de uma pobreza desmedida tem o peculiar efeito de repor essa figuração no horizonte simbólico da sociedade brasileira. É isso que faz com que o debate público sobre a pobreza brasileira seja atravessado por toda sorte de ambivalências. Não há autoridade pública neste país que não proponha o problema em termos de uma exigência de igualdade e justiça social. No entanto, é um debate inteiramente montado sobre as evidências mais tangíveis da chamada pobreza absoluta, esses deserdados da sorte e infelizes do destino que já estão — ou parecem estar — fora do contrato social. Tendo como referência quase exclusiva esses que já estão (ou parecem estar) "fora", todo o problema da igualdade parece se esgotar em garantir que essa gente tenha acesso aos "mínimos vitais de sobrevivência". Poder-se-ia dizer que é uma noção pré-social de igualdade, pois remetida a algo como as leis naturais da vida e da morte, esse pressuposto e suposto do qual depende a vida em sociedade, mas que ainda não configura propriamente uma vida social.

Menos do que um problema propriamente mundano (que é político) da convivência social, é uma noção de igualdade que opera com uma medida que diz respeito aos mínimos vitais dos quais depende a reprodução da espécie — uma medida de igualdade que não diz respeito ao contrato social, mas a algo anterior a ele, aos imperativos da sobrevivência. É sobretudo uma definição de igualdade e justiça que constrói uma figura da pobreza despojada de dimensão ética. Rebatida para o terreno das necessidades vitais — modo peculiar de alojar a pobreza no terreno da natureza —, a própria noção de justiça e de igualdade é desfigurada, pelo menos nos termos como foi definida enquanto valor fundador da modernidade: a igualdade é definida por referência às necessidades vitais, esse marco incontornável da vida perante o qual — assim como ocorre com a morte — todos são não apenas iguais, mas, como lembra Hannah Arendt (1981), rigorosamente idênticos. Como essa medida absoluta, medida de vida e de morte, não há propriamente o problema do julgamento, da escolha e dos critérios de discernimento entre o justo e o injusto. Há apenas o imperativo inarredável da sobrevivência.

É essa figuração da pobreza que é demolida — ou ao menos questionada — em cenários públicos abertos às reivindicações de direitos. Retomando o argumento anterior, é isso que se projeta das experiências recentes, experiências que construíram uma trama representativa por onde reivindicações por direitos puderam circular, criando identidades onde antes parecia só existirem homens e mulheres indiferenciados em sua privação. Mas é essa tensão entre a figuração pública da pobreza e a cidadania — antinomia, foi dito antes — que nos oferece ao mesmo tempo uma via de entrada para problematizar o sentido da destituição de direitos que vigora na sociedade brasileira.

Implicada na trama das relações sociais, a privação de direitos põe em foco o modo como as diferenças sociais são percebidas, elaboradas e objetivadas no espaço social. Pois o modo como direitos são atribuídos ou negados, reconhecidos ou recusados traz inscritos, ao menos tacitamente formulados, os critérios pelos quais são discriminadas as diferenças e definidas suas equivalências possíveis, montando as regras simbólicas das reciprocidades esperadas. Regras simbólicas que contêm um princípio de discernimento entre o justo e o injusto, o legítimo e o ilegítimo, num modo de dizer e nomear a ordem do mundo que é sempre solidário com um conjunto de categorias através das quais se faz a

58   Pobreza e cidadania

distinção entre a ordem e a desordem, a razão e a desrazão, o possível e o impossível, o permitido e o interdito (Lefort, 1986). Categorias muitas vezes implícitas, mas presentes nas formas de percepção, nas convicções, nos códigos de comunicação, nos valores morais e tradições culturais. Isso significa dizer que os direitos estão inscritos na dinâmica cultural e simbólica da sociedade. Determinam-se nesse ponto de intersecção entre a legalidade e a cultura, a norma e as tradições, a experiência e o imaginário, circunscrevendo o modo como os dramas da existência são apreendidos, problematizados e julgados nas suas exigências de equidade e justiça.

É nessa articulação entre a lei, a cultura e as tradições que se explicitam os aspectos mais autoritários de uma sociedade em que os direitos nunca foram formulados segundo uma noção de igualdade, mas na ótica da proteção que um Estado benevolente deve aos fracos e desamparados; em que, para usar a formulação precisa de Marilena Chaui (1987), as diferenças sociais são transformadas em hierarquias que criam a figura do subalterno que tem o dever da obediência e do inferior que merece a tutela, a proteção, o favor, mas jamais os direitos; em que a persistente criminalização dos trabalhadores caminha junto com a imagem infantilizada daqueles que são vistos como não responsáveis pelos seus atos, já que dominados pela desrazão alimentada pela ignorância e desordem moral associadas à pobreza; em que a noção de um modo legítimo de vida é projetada do que se imagina ser a ordem moral das "classes esclarecidas", de tal modo que a pobreza é sempre vista como foco de uma incivilidade que descredencia o "pobre" como sujeito de direitos e o coloca aquém das prerrogativas que supostamente a lei deveria lhes garantir, sendo a violência policial a prova mais contundente disso.

Nas imagens do pobre fraco e desamparado, subalterno e inferior, incivil e desprovido de razão, há uma representação das diferenças que anula as equivalências possíveis que em princípio os direitos sacramentam, de tal modo que estes podem existir como norma legal, podem ser nomeados pelo discurso jurídico, po-

Os sentidos da destituição 59

dem ser referência obrigatória do discurso político que fala em nome das leis universais, mas não se realizam nas práticas reais, como código e regra de sociabilidade. Na verdade, a miséria brasileira revela a trama que articula o Brasil real e o Brasil formal, numa dinâmica a um tempo política e cultural, em que hierarquias de todos os tipos desfazem a igualdade prometida pela lei, imprimindo na ordem legal um caráter elitista e oligárquico que atualiza velhas tradições.

É, pois, no solo do Brasil real que se processa a lógica silenciosa das exclusões, lógica permanentemente reposta no modo como as relações sociais se estruturam, definindo um tipo de sociabilidade que obsta a constituição de uma regra igualitária de reciprocidade que confira ao outro o estatuto de sujeito de interesses válidos e legítimos. Lógica silenciosa, porque não é dela que se fala. Como bem nota Roberto Da Matta (1985), o Brasil se diz e se fala através do código universal das leis, deixando para o mundo irrefletido das "evidências naturais" o código hierárquico que rege as relações sociais. Práticas irrefletidas, diz Da Matta, pois essa matriz cultural tem uma tal aderência ao real que suas hierarquias parecem plasmadas por solidariedades naturais percebidas e apreendidas através dos critérios de autoridade do "mundo da casa". Daí esse familismo tão característico da vida social brasileira, em que relações sociais transformam-se em relações pessoais regidas por códigos morais próprios da vida privada (intimidade, respeito, consideração, lealdade) e em que às clivagens econômicas se sobrepõem hierarquias morais que classificam pessoas a partir das categorias éticas do "mundo da casa" (o ser limpo, de boa aparência, correto, cordial, educado, de fino trato). Daí também — e sobretudo — essa patronagem persistente nas relações sociais, em que as diferenças entre indivíduos, grupos e classes são neutralizadas sob o código domesticador do favor, da proteção e da lealdade, de tal forma que o conflito nunca é reconhecido e nomeado como tal, sendo a reivindicação por direitos percebida, por isso mesmo, como algo imoral, impróprio e desabusado, uma traição e uma deslealdade, "como se fosse um crime reivindicar o indivíduo onde está a pessoa" (Da Matta, 1982: 37).

O que fica a dever na interpretação proposta por Da Matta são os efeitos de poder dessa gramática social tão característica e definidora da sociedade brasileira. É certo que Da Matta chama a atenção, com insistência, para as dificuldades de enraizamento da cidadania nas relações sociais, já que a predominância de um código hierárquico obsta a constituição de identidades fundadas numa noção de indivíduo como sujeito moral, base da moderna concepção de direitos. É certo também que Da Matta enfatiza a violência embutida numa trama social que não abre lugar para o indivíduo. É o caso da insegurança a que se está submetido quando a *pessoa* se transforma no *indivíduo* submetido à lei e às regras formais do mercado e das instituições, em que o anonimato e a impessoalidade são provas de inferioridade, de que não se é mais do que um "João Ninguém" e, por isso mesmo, sujeito ao descaso das instituições, à violência da polícia e à imposição autoritária da lei. No movimento oposto, do *indivíduo* para a *pessoa*, é o caso desse característico rito autoritário, revelador da vida social brasileira, em que o *indivíduo* recusa a impessoalidade da lei, transformando-se, por vezes de modo violento, em *pessoa* com o paradigmático "Você sabe com quem está falando?" (Da Matta, 1983). É o caso, finalmente, da violência institucional que, sob o idioma jurídico-legal e em nome da defesa das instituições, reprime manifestações que individualizam interesses, aspirações e vontades de grupos e classes, sempre vistas no registro do caos e da fragmentação que põem em risco a sociedade (Da Matta, 1986). Através da lógica hierárquica há, no entanto — é isso que precisaria ainda ser visto —, a reposição das iniquidades da vida social. Através do código hierárquico as desigualdades sociais são transfiguradas em diferenças que estabelecem uma ordem de reciprocidades ao revés dos valores modernos da igualdade e da justiça, pois remetem à obediência e respeito, tutela e proteção nas relações entre "superiores" e "inferiores", neutralizando as iniquidades existentes na trama das relações sociais. Por outro lado,

Os sentidos da destituição

numa sociedade que, mal ou bem, fez sua entrada na modernidade, o código hierárquico só pode se impor através de uma violência simbólica que descredencia o outro como sujeito capaz de fazer valer e exigir as reciprocidades implicadas na noção de igualdade. A tradução concreta disso está nessa incivilidade que permeia de ponta a ponta a vida social brasileira. É possível dizer que no lugar de uma cidadania inexistente como regra da vida social, essa incivilidade funciona, para falar nos termos de Da Matta, como um desses tantos ritos da vida cotidiana que consagram e sacramentam as desigualdades sociais no registro de hierarquias soldadas por um princípio de autoridade que parece emanar da ordem natural das coisas.

As relações entre cidadania e civilidade são algo que merece ser pensado. Para Patrick Pharo, que trata a questão num livro com o sugestivo título *Le civisme ordinaire* (1985), a civilidade diz respeito às regras que articulam indivíduos em situações concretas de interação. É uma forma de exercício e atribuição recíproca de direitos, direitos que não se confundem com a norma legal, que existem na forma de um "civismo ordinário" e que traduzem, nas dimensões práticas da vida social, as expectativas dos sujeitos de encontrar no outro o reconhecimento da validade e legitimidade de seus atos, opiniões e razões. Os direitos — direitos ordinários — dizem respeito, portanto, à maneira como os indivíduos, em situações interativas, de conflito ou cooperação, se atribuem mutuamente e reconhecem (ou não) o direito de dizer o que se diz e fazer o que se faz. São portanto regras de convivência, codificadas ou não, informais ou mais ou menos formalizadas, construídas nas dimensões intersubjetivas da vida social e que só existem na medida do seu mútuo reconhecimento. Essas regras definem critérios de legitimidade que validam ou não o que o outro diz e faz, a partir de uma série de códigos não escritos que discriminam, em cada situação concreta de interação, o permitido e o interdito, o obrigatório e o facultativo. Isso significar dizer que, mesmo quando não sujeitas ao código formal da lei, as relações sociais se realizam como relações de direito.

62   Pobreza e cidadania

É isso, diz Pharo, que estabelece um vínculo civil entre os indivíduos. Ou melhor: é isso que estrutura espaços civis, que são múltiplos e heterogêneos, tanto quanto o podem ser as esferas da sociabilidade humana — no trabalho, na família, na cidade, nas instituições públicas. Para Pharo, os espaços civis dizem respeito à realização de práticas legítimas. São entendidos como espaços em que a sociabilidade se realiza enquanto intersubjetividade que constrói os critérios de legitimidade a partir dos quais as ações e opiniões de cada um são reconhecidas (ou não) na sua validade. Critérios que fazem referência a valores e normas publicamente reconhecidas e sacramentadas, que incorporam história e tradições comuns, que trabalham o mundo das evidências sensíveis e a cultura, mas que não existem como regras preestabelecidas às quais se trataria de se ajustar, respeitar ou validar. Tampouco regras que, uma vez formuladas, tenham vigência garantida de uma vez por todas, independentemente das circunstâncias que deram lugar a elas. São regras consubstancias à própria interação, traduzem as suas exigências práticas em situações concretas de vida e são resultado de uma dinâmica sempre reaberta de acordos e desacordos, ajustes e desajustes, deslocamentos e equilíbrios, conflitos e convergências.

Nas dimensões mais rotineiras da vida cotidiana, esse reconhecimento do outro no seu direito a ser, a dizer, a fazer, se traduz nas regras da polidez, modo prático e rotineiro de atribuição recíproca de identidades e direitos, a partir do reconhecimento comum, compartilhado, de um mesmo espaço normativo de pertencimento. O que é próprio do exercício prático dos "direitos ordinários" é que eles definem as regras de uma reciprocidade regida pelo "ideal de equidade": direito a ser tratado de modo equitativo, direito a receber aquilo que lhe é devido segundo uma medida construída e reconhecida de forma comum. Ao agir, exprimir opiniões, manifestar desejos e aspirações, diz Pharo, há uma reivindicação tácita de um direito a fazê-lo, há também uma exigência prática de apresentar suas próprias razões de modo que atos, opiniões, desejos e aspirações se mostrem justificáveis perante

Os sentidos da destituição
63

o outro, e há a expectativa de que, sendo justificáveis e razoáveis, sejam também reconhecidos. Essa expectativa de reconhecimento, para colocar nos termos habermasianos, traduz uma pretensão à validade enquanto pretensão à justiça, cuja medida é necessariamente um acordo, sujeito ao questionamento, ao debate e ao conflito. É por isso que, para Pharo, os espaços civis são fonte de direitos. É na esfera das interações humanas que os direitos e leis instituídos tornam-se problemáticos e alvos de uma interrogação permanente, sendo interpretados e reinterpretados em função de acontecimentos, fatos e circunstâncias que desfazem consensos estabelecidos, colocam novas exigências e pedem novos critérios para a realização prática de relações legítimas.

A questão proposta por Pharo é interessante, pois delimita um campo de reflexão em que os direitos podem ser pensados como forma de sociabilidade. Mais precisamente: podem ser pensados como elementos que estruturam a dimensão reflexiva da sociabilidade. Ou seja: uma forma peculiar de intersubjetividade pela qual os indivíduos se percebem e se representam perante o outro nas suas diferenças. Permite pensar, sobretudo, o modo como o imaginário igualitário opera na construção das regras e códigos da convivência humana. De fato, a questão de Pharo só faz sentido no horizonte de uma sociedade em que o mundo público das leis e dos direitos existe como referência real e simbólica nas práticas sociais. Uma sociedade na qual a experiência das iniquidades é elaborada por referência aos valores modernos da igualdade e da justiça. Uma sociedade, finalmente, na qual a soberania do indivíduo — própria das sociedades modernas — se completa nessa atribuição de direitos, enquanto modo prático de reconhecimento que se efetiva na dinâmica das interações sociais. É sobretudo nisso que se pode pensar o significado de uma reciprocidade regida pelos valores da igualdade e da justiça. A prática dos direitos instaura uma forma de sociabilidade que constrói identidades na medida em que indivíduos se fazem ver, conhecer e reconhecer nas suas diferenças. É uma forma de sociabilidade que se estrutura em torno de uma regra — sempre problemática, pois núcleo dos conflitos, oposições e tensões de interesses — que diz respeito à medida da equidade que deve prevalecer para que justiça não seja uma palavra vazia. É nisso que se esclarece a questão da justiça como algo constitutivo da trama conflituosa do social, pois a medida do justo e do injusto nas interações humanas não existe como substância e tampouco é redutível a uma regra formal; ela é um campo de conflito e divergências e, por isso mesmo, depende inteiramente do debate, da negociação, da deliberação e de acordos sempre refeitos e sempre sujeitos a um novo questionamento. Acordos, no entanto, que não seriam plausíveis sem a referência a um universo de valores e significados no interior do qual a atribuição recíproca de direitos se põe como algo que, apesar de problemático e conflituoso, é reconhecido como praticamente possível e moralmente necessário.

Nesse campo em que a cidadania pode ser pensada no registro da civilidade talvez se esclareça o sentido mais radical da privação dos direitos. O não reconhecimento do outro como sujeito de interesses, aspirações e razões válidas significa uma forma de sociabilidade que não se completa, porque regida por uma lógica de anulação do outro como identidade. Como mostra Roberto Schwarz, com a precisão que lhe é peculiar, esse é um tipo de sociabilidade que não constrói a alteridade, mas apenas o espelho no qual a superioridade do ego se vê confirmada. É isso que neutraliza a dimensão moral inscrita nas relações sociais, pois não há propriamente o que julgar, o que escolher, não há o problema do justo e do injusto, a regra não está sujeita ao questionamento e existe apenas para confirmar o lugar de cada um na ordem natural das coisas. É por isso que a cordialidade — para usar essa expressão célebre mas talvez pouco compreendida de Sérgio Buarque de Holanda — nas relações com os "humildes" convive tão bem com a prepotência nas relações de mando, com a indiferença ante o "pobre anônimo" das ruas e praças da cidade, com a intolerância ao "pobre incivil" e a violência com o "pobre transgressor" transfigurado na imagem das classes perigosas.

Os sentidos da destituição

É nessa incivilidade que se ancora uma normatividade imposta como ordem excludente, justamente porque não supõe a barganha e a negociação, de tal modo que o mundo luminoso das leis se realiza como fundamento do arbítrio e da ação discricionária dos que detêm posições de poder — poder real e poder simbólico — na sociedade. É nesse terreno que se esclarece a violência simbólica inscrita numa trama social em que normatividade, tradições e imaginário se articulam numa espécie de desapossamento simbólico que, tanto quanto a privação material, caracteriza a pobreza: os pobres são aqueles que estão fora das regras das equivalências possíveis, a pobreza aparecendo como condição que os descredencia como sujeitos, que os coloca aquém das prerrogativas que em princípio a lei e os direitos deveriam lhes garantir. Para retomar um argumento anterior, nesse desapossamento a pobreza é jogada para o terreno da natureza, fora dos espaços civis (Pharo) nos quais são construídas as regras reais e simbólicas das equivalências e reciprocidades que instauram a igualdade e a justiça como linguagem e como referência por onde os dramas da existência podem ser problematizados nas suas exigências de equidade. Se tudo isso aparece muitas vezes atenuado, adocicado, sob a fala mansa da nossa velha e conhecida cordialidade, a violência policial encena sem ambivalências o lugar do pobre nas hierarquias simbólicas da sociedade.

Vale se deter sobre a questão da violência policial, pois aí se explicita o lugar do pobre na sociedade brasileira. O tema da criminalização da pobreza foi dos mais debatidos no correr dos anos 80 e muitas páginas já foram escritas para desmontar os pressupostos da associação entre pobreza e crime, associação enraizada no imaginário coletivo e presente no discurso do senso comum. Não se trata aqui de refazer argumentos que outros já fizeram com a competência de quem pesquisa sistematicamente o tema. Mas vale se perguntar pela lógica de verdade embutida nessa associação, que, sabemos bem, é muito difícil de ser desmontada quando a discussão ganha a cena pública e as "verdades da razão" se defrontam nesse terreno minado por preconceitos arraigados e

66   Pobreza e cidadania

atravessado por sentimentos de insegurança e medo alimentados pelo modo como a criminalidade é dramatizada pela imprensa e tratada pelas vozes autorizadas.

Mais do que em seus sucessos (sucessos duvidosos, como se sabe) no combate ao crime, a eficácia da ação policial está no efeito de verdade que produz, cristalizando e sacramentando as categorias de ordem e desordem nas quais a pobreza é objetivada. Efeito de verdade (e efeito de poder) inscrito na lógica da ação policial, que, antes de qualificar o criminoso e o crime, qualifica a pobreza e o pobre nas evidências que suscitam a suspeita.[1] Localizar primeiro a sua "clientela" para no seu interior descobrir eventualmente o criminoso: esse é o procedimento rotineiro da intervenção policial, que produz e impõe um sentido de ordem no qual é o trabalhador que se vê na contingência de se defender da acusação e apresentar as evidências de sua inocência. São categorias de ordem e desordem que têm no trabalho o critério que estabelece as clivagens discriminadoras. É nisso que se manifesta a eficácia propriamente simbólica da ação policial: em cada intervenção, em cada batida policial, em cada prisão para averiguação, a polícia "faz ver e faz crer" (Bourdieu) as evidências que diferenciam o trabalhador e o marginal, evidências que constroem suas figuras polares, mas complementares, tal como num jogo de espelhos invertidos, em que a verdade de um é revelada, em negativo, pela verdade do outro. Como mostram os pesquisadores, há uma lógica na ação policial — lógica em uso, como define Antonio Luiz Paixão (1988) — que tipifica o criminoso na sua diferença com o

---

[1] "A definição de uma situação suspeita, por parte do policial, é produto da aplicação, a contextos concretos, de um conjunto de indicadores sociais definidos como correlatos de 'crime' ou 'delinquência' — 'boas' ou 'más' vizinhanças, áreas fronteiriças entre bairros socialmente heterogêneos, atributos individuais 'desviantes' e modos de apresentações ao cidadão em interações com policiais, como a hostilidade percebida e interpretada como desacato à autoridade, e que governa, em grande parte, a atitude do policial frente ao cliente" (Paixão, 1988: 189).

Os sentidos da destituição

trabalhador a partir de uma malha classificatória que incorpora todo o estoque de estigmas e preconceitos existente na sociedade brasileira. A chamada "prisão para averiguação" é o exemplo mais evidente de um modo de operar em que a suspeita é razão suficiente para a detenção, suspeita feita numa ordem de razões em que à prova maior da honestidade fornecida pela carteira de trabalho assinada se somam avaliações morais quanto à aparência, modos de se apresentar e comportar. Avaliações que secretam um modelo de autoridade que define a humildade, o respeito e a cordialidade diante dos "representantes da lei" como comportamentos esperados do "trabalhador honesto" que "não tem nada a temer", que sem apresentar insegurança — prova inegável da atitude suspeita —, tampouco demonstra excessiva autoconfiança, sempre passível de ser interpretada como uma comprometedora hostilidade ou então como "desrespeito à autoridade", próprio de quem não sabe o seu lugar.

Mas o arbítrio policial tem suas próprias razões. Kant de Lima (1989: 76-81) mostra que a ação policial é informada por representações hierarquizantes que associam status social e estágio de evolução cultural. Representações que permeiam e sempre permearam o pensamento social brasileiro e que se encontram cristalizadas na nossa cultura (e tradição) jurídica, condicionando de ponta a ponta o modo como delitos são tipificados, como as provas são construídas, como são produzidas verdades e certezas jurídicas, como sentenças e penas são proferidas e prescritas. Em sua pesquisa sobre práticas punitivas da polícia no Rio de Janeiro, Lima pôde observar, por exemplo, "que tanto a defesa como o Ministério Público estabelecem correlações entre status social e econômico do réu e seu estágio de evolução cultural" (p. 80). Os advogados defendem seus clientes "classificando-os de incivilizados, como se pertencessem ao domínio da natureza". Incivilizados, são considerados irresponsáveis pelos seus atos, sob o argumento de que "o cliente não sabia o que estava fazendo porque é um 'animal', desprovido de cultura e, portanto, incapaz de compreender o comportamento civilizado e as leis" (p. 76). É a partir dessas mesmas representações que a polícia classifica fatos e interpreta atos considerados criminosos, de acordo com o nível e o código cultural atribuído aos envolvidos. Daí que "uma luta no morro é classificada como 'agressão', sujeita à adjudicação e punição pelo código policial, e uma luta entre classe média ou rica pode tornar-se uma 'lesão corporal', crime a ser julgado pelo juiz através do sistema judicial, que emprega padrões culturais semelhantes àqueles das classes média e alta da sociedade brasileira" (p. 81). É por isso também que os crimes violentos são considerados privativos das "classes baixas". Se isso condiciona o modo diferenciado como os delitos são tipificados, também fornece a ordem de razões que justifica o uso da violência policial, no pressuposto de que a violência faz parte do código cultural dessa população e é, por isso, "a única linguagem que essa gente entende".

Concretamente, isso significa que o arbítrio policial existe como poder de interpretar a lei, selecionando os indivíduos que têm direitos, como pessoas civilizadas, a seus direitos constitucionais.[2] Como mostra Antonio Luiz Paixão, é um poder de interpretar a lei a partir do que se imagina ser a ordem moral, projetada de um modo de vida modelar associado às classes médias. Confusão entre ordem legal e ordem moral: é isso que esclarece a ação discriminatória e violenta da polícia que se volta para a vigilância dos lugares onde supostamente esses valores estão ausentes.[3] É

---

[2] "As práticas policiais brasileiras são [...] um reflexo da nossa cultura jurídica, que concebe a estrutura social brasileira como sendo hierárquica, atribuindo diferentes graus de cidadania e civilização a diferentes segmentos da população, embora a Constituição brasileira atribua direitos igualitários a todos os cidadãos, indiscriminadamente. À polícia cabe a difícil tarefa de selecionar quais indivíduos têm 'direito' aos seus direitos constitucionais e ao processo acusatório, enquanto 'pessoas civilizadas', e quais não têm" (Kant de Lima, 1989: 82).

[3] "(...) armada de um sistema de crenças que confunde legalidade com valores morais de classe média, a polícia volta-se para a vigilância de ambientes onde, ela supõe, tais valores são escassos — favelas, minorias étnicas e jo-

isso, sobretudo, que esclarece um padrão autoritário de imposição da ordem pública, em que os constrangimentos racionais e racionalizadores da lei só valem para as "classes civilizadas", restando às "classes inferiores" a ordem moral a ser garantida pela força e pela repressão.

Confusão entre ordem legal e ordem moral: talvez se tenha aqui uma chave para compreender a lógica das violências rotineiras que opera no interior de toda a sociedade. O arbítrio policial é um poder de interpretar a lei, como se disse. Interpretação da lei que aciona preconceitos em relação à condição de cor, origem, trabalho, moradia, educação, enquanto critérios de classificação, hierarquização, avaliação e julgamento moral dos indivíduos. A existência de preconceitos não é exclusividade da sociedade brasileira. Sabemos disso. O problema é quando o juízo moral que classifica os indivíduos na ótica da moral privada — o "mundo da casa", diria Roberto Da Matta — ganha o poder real ou simbólico de legislar sobre a sua vida em sociedade, decidindo pela sua pertinência ou não no mundo público da lei. Conversão, portanto, do juízo moral em regra pública, transformando diferenças sociais em critérios discriminadores na dimensão pública da vida social. É nessa conversão que são construídas as figuras do "outro" que, por sua diferença de estilo de vida e forma de existência, está fora das regras da vida social e que, portanto, deve ser mantido a distância, sob vigilância. E, no limite, eliminado:

vens... As pesquisas mostram como é resolvido, a nível prático, o dilema da lei e da ordem: legalidade para os cidadãos definidos como cumpridores da lei e imposição autoritária da ordem na periferia social e cultural. Esta tem reagido, nas democracias consolidadas, ou pela violência coletiva ou pela ação organizada de defesa de sua cidadania. No Brasil, os poucos estudos indicam a generalidade do modelo de ordem versus lei, agravado pela persistência histórica de um padrão de imposição da ordem pública que opõe 'polícia de gente' à 'polícia de moleque', cujo instrumento é o chicote (a distinção é de um panfleto anônimo de 1825)" (Paixão, 1988: 189).

os grupos de extermínio e os assassinatos organizados de crianças, se do ponto de vista das evidências empíricas respondem a uma teia mais complexa de causalidades, podem no entanto ser tomados como metáfora de uma sociedade que se permite eliminar os indesejáveis, aqueles que não têm lugar e que, tal como uma figura moderna do bárbaro, ameaçam a vida em sociedade. O que espanta não é tanto que haja gente empenhada na organização desses grupos, o que espanta é a sua impunidade e sobretudo a ressonância que essas práticas encontram no imaginário coletivo, um sinal evidente da conivência tácita de amplos setores da população com o uso da violência para combater a desordem e a insegurança, associadas a uma gente percebida como sem lei e sem moral, que, por isso mesmo, está aquém das regras da justiça, merecendo apenas e tão somente a violência sem mediações.

Nas dimensões mais prosaicas da vida social, é essa a lógica inscrita na intolerância contra negros, nordestinos, favelados, desempregados e subempregados, associados no imaginário coletivo às desventuras de uma cidade que cresceu demais, que tem gente em excesso, multiplicando miséria e violência pela sua própria incapacidade, despreparo e fraqueza de caráter. Como mostra Flávio Pierucci (1989), essa intolerância feita de preconceitos antigos e arraigados na sociedade brasileira está sempre na iminência de ser projetada como regra política, na expectativa de um governo forte capaz de sanear a cidade, garantir a ordem moral ameaçada e assegurar a segurança das vidas privadas.[4] No jogo

---

[4] Veja-se por exemplo, o que diz uma dona de instituto de beleza, residente no Belenzinho, em depoimento prestado a Flávio Pierucci (1989): "O Jânio está tirando as malocas? É assim mesmo. Tira, ele é o dono da casa, manda embora, não presta! Pra que maloca? Volta para a tua terra, porque lá você tem um governo que pode construir casa, não constrói porque não quer. Eu já te falei e vou repetir: eles têm fome, eles vêm aqui, coitados, crentes que vão comer, chega aqui não comem, eles têm que matar e roubar. Visto isto, se eu fosse o governo federal, eu ia chamar o governo de Alagoas, 'seu fulano, é o seguinte: lá em São Paulo tem muito alagoano'. Chamar o sicra-

Os sentidos da destituição

perverso que articula, entre determinados segmentos da população, sentimentos de medo pânico provocados pelo imaginário da violência, a "atmosfera claustrofóbica" de uma cidade sem espaço para tanta gente e sentimentos de insegurança que mal escondem ressentimentos diante de mudanças, transformações e crises que ameaçam status conquistados, esses preconceitos são acionados na busca de uma explicação plausível para as desventuras da cidade grande. É essa a matriz de um comportamento político fortemente contaminado por uma visão moralizante da sociedade que predomina, constata Pierucci, entre setores de classe média que vivem com desconcerto a perda de seu status e prestígio nas hierarquias simbólicas da sociedade. É uma gente especialmente sensível às cruzadas morais, que vota na direita e que espera por uma autoridade política capaz de restaurar a ordem moral subvertida pelos vícios da vida moderna e de garantir a segurança ameaçada por uma cidade perigosa. Pensam a política e a sociedade pelas categorias da vida privada: a ordem a ser restaurada é a ordem das hierarquias morais e da segurança privada. É certo que Pierucci fala de um segmento específico — mas nem por isso pouco importante — da sociedade. Porém, nas suas idiossincrasias, esses setores em que Pierucci identifica "as bases da nova direita" fazem ver que preconceitos e intolerância se determinam na ótica moral da vida privada, num modo de marcar diferenças e distanciamentos afirmadores de identidades ameaçadas por proximidades e convivências perturbadoras. Sobretudo, mostra em torno das intolerâncias e preconceitos uma noção de ordem inteiramente

---

no, vamos supor, do Ceará e: 'seu Pinto, lá tem muito cearense, toma conta porque se não te tiramos as verbas'. Ou estou errada? Sabe, se o dono da porcada não faz nada, quem vai fazer? (...) Vai trabalhar lá na tua terra, vai criar galinha, pinto e porco. Vai pra lá! (...) Você já reparou que bandido paulista é muito difícil? Paulista não tem tempo de roubar, paulista quer trabalhar. Você não vê um homem caído no chão que seja paulista, você não vê um paulista metido em confusão. É que a gente não pode falar porque senão vão pensar que a gente é subversiva".

construída na ótica da moral privada e que se projeta, sem mediações, como modelo da ordem pública a ser garantida pela força e autoridade do Estado. Quando essa autoridade é percebida como falha, o campo está aberto para a justiça privada dos esquadrões da morte, dos grupos de extermínio e dos linchamentos. É possível argumentar que a violência latente na teia dos preconceitos e intolerâncias não é exclusiva da sociedade brasileira. Não é preciso muito para saber que todas as sociedades produzem seus párias, que em todas existe essa tensão entre a ordem legal e a ordem moral, entre a cultura pública da lei e as hierarquias morais do mundo privado. Nesse ponto, os trabalhos de Dumont são dos mais esclarecedores. Ele enfatiza a tensão que existe no interior de uma sociedade que se pensa através dos valores da igualdade, mas que se estrutura (ou tende a se estruturar) no âmbito das interações sociais, na lógica das distinções hierárquicas que atribuem critérios de valor às diferenças visíveis entre os indivíduos e tendem a fixá-las como modos de ser subtraídos à vontade e deliberação humana, pois percebidos como algo que corresponde à ordem natural das coisas. As diferenças hierárquicas entre homens e mulheres são nesse sentido paradigmáticas, diz Dumont, da persistência de valores hierárquicos no interior das sociedades modernas. Porém, as reflexões de Dumont sobre o racismo mostram que a questão é mais complexa do que pode sugerir a ideia da persistência de núcleos de tradicionalismo numa sociedade que propõe a vitória da convenção e da razão contra modos de existência que parecem modelados e conformados pela natureza. Como se sabe, é nessa oposição entre ordem racional e ordem "natural" que Dumont (1974) decifra a novidade das sociedades modernas, pois é nela que se esclarece a diferença entre a igualdade e a hierarquia como valores heterogêneos e mutuamente excludentes que conformam distintos modos de se perceber e estruturar a vida em sociedade. No entanto, diz Dumont (1977), nessa mesma sociedade que valoriza o indivíduo e a igualdade, sempre se encontram resíduos de hierarquia sob a forma de desigualdades sociais ou de discriminações, dentre os quais o ra-

Os sentidos da destituição

cismo é o exemplo paradigmático. As distinções hierárquicas tendem a persistir, e quando se tornam ilegítimas, tem-se a discriminação. Em outras palavras, a tendência à hierarquização está sempre presente, "a proclamação do ideal moderno não basta para fazê-la desaparecer, mas ao contrário, por um mecanismo complicado, pode torná-la mais feroz e mórbida", sobretudo quando implicada nos antagonismos e interesses que a exploram (Dumont, 1974). É isso que lhe permite dizer que nas sociedades modernas a hierarquia é recalcada, tornada não consciente porque não há lugar para ela e não pode ser justificada no plano dos valores, de tal modo que "ela é substituída por uma rede múltipla de desigualdades, casos de fato e não de direito", que redefinem o modo tradicional das hierarquias na forma propriamente moderna da discriminação. Num texto que segue de perto as questões propostas por Dumont, Jean Pierre Dupuy (1987) enfatiza precisamente o quanto há de artificialismo na "igualdade de condições" no sentido de Tocqueville. Artificialismo porque a igualdade se põe justamente contra o "mundo da natureza" no qual as diferenças se organizam no modo hierárquico das distinções de valor.[5] A igualdade significa um esforço no sentido inverso à "natureza", ela é na verdade uma "espécie de desafio do espírito à natureza" e, por isso mesmo, depende de um querer e de uma vontade regi-

---

[5] "Se há uma sociedade que se pode dizer natural, está é... a sociedade tradicional, holista e hierárquica, e não a sociedade igualitária. E isso por uma dupla razão: de um lado, porque ela se pensa a si mesma como natural, isto é, conforme à ordem imutável das coisas, da vida e do mundo; de outro lado, porque, à exceção da sociedade moderna, é a forma normal do social, que sempre tende a reaparecer mesmo quando se a reprime (...) A democracia, ou a 'igualdade de condições' no sentido de Tocqueville, aparece inversamente profundamente artificial em todos os sentidos da palavra. O artificialismo moderno é a convicção de que a ordem social é essencialmente racional, 'extramundana', no sentido de que a vontade humana se aplica ao mundo a partir de um ponto que lhe é exterior, e que não é outro senão o indivíduo moderno, dotado de interesses e de paixões, e liberto de toda subordinação a uma totalidade integradora" (Dupuy, 1987: 24).

dos pela exigência ética e política de romper com as distinções e diferenciações hierárquicas através das quais desigualdades e discriminações se processam no solo da sociedade.

As reflexões de Dumont são importantes pelo que sugerem das dificuldades que existem na prática da igualdade, pois esta não se realiza de modo simples e natural, como se brotasse espontaneamente dos valores da sociedade moderna. A tensão entre igualdade e hierarquia poderia ser traduzida nos termos de uma oposição sempre reposta entre cultura e natureza, entre a igualdade que remete à ordem da convenção e construção racional e o mundo das diferenças percebidas no registro de hierarquias de valor que parecem corresponder às "evidências sensíveis" do mundo "natural", daquilo que é percebido como se existisse desde sempre ou que parece corresponder à tradições e convicções irrevogáveis. Flávio Pierucci nota bem a dificuldade em que tropeça o discurso igualitário quando as diferenças se apresentam como traços definidores "de coletividades, de categorias sociais, de grupos de 'appartenance' vivendo em relações de força". A diversidade, diz Pierucci, é algo "vivido, experimentado e percebido, gozado ou sofrido na vida quotidiana: na imediatez do dado sensível ao mesmo tempo que mediante códigos de diferenciação que implicam classificações, organizam avaliações, secretam hierarquizações, desencadeiam subordinações".[6] É nessa esfera das evidências sensíveis, observa Pierucci, que o discurso da intolerância se apoia

---

[6] Vale citar aqui depoimento reproduzido por Pierucci. Ao ser inquirida sobre a igualdade entre brancos e negros, assim responde uma entrevistada de 58 anos, escriturária aposentada, residente num bairro de classe média baixa de São Paulo: "Iguais?! Que que há, está me estranhando? Fazer o quê? A vida é assim, azar! Tratar como nosso irmão?! Eu trabalhei quarenta anos, não posso ser irmã de vagabundo. O que é isso, está me confundindo por quê, agora? Porque negro é isso... Todo mundo sabe que há racismo, sempre houve e vai haver até o fim da morte, amém. Negro é negro, branco é branco, azul é azul, vermelho é vermelho. E preto é preto. Não vem que não tem. Essas demagogias é bom em época de eleição. Isso é demagogia, isso é falsidade, isso é falta de religião católica apostólica romana" (p. 17).

Os sentidos da destituição

para dar plausibilidade à negação da igualdade proclamada pelos direitos, discurso que parece corresponder à realidade dos fatos, discurso realista, como gostam de enfatizar racistas e conservadores em sua conhecida aversão ao discurso dos Direitos Humanos. Para estes, observa Pierucci, "o discurso não palatável, aquele que mais do que qualquer outro desencadeia sua violência verbal, lhe arranca imprecações, injúrias e acusações não raro ferozes, aquele que provoca sua ojeriza e lhe causa urticária é, ainda hoje, duzentos anos depois, o discurso dos Direitos Humanos, o discurso revolucionário da igualdade, seja a igualdade diante da lei, seja a igualdade de condições econômicas (a conquistar como direito), seja a igualdade primeira de pertencermos todos à mesma condição, igualdade ao nascer. Vale dizer que em nosso país o discurso não palatável e imediatamente odioso ainda é, cento e poucos anos depois da abolição da escravatura, o discurso abolicionista das desigualdades e subordinações, discriminações e humilhações, segregações e exclusões. Se há que procurar uma estrutura invariante e permanente das várias formações históricas de direita através desses últimos séculos da modernidade, tal estrutura se encontra nisso: na denegação do direito" (p. 14).

Finalmente, se faz parte da dinâmica social a tensão entre a igualdade proclamada pelos valores modernos e as discriminações que se processam no solo moral e cultural da sociedade, seria preciso ainda dizer que essa tensão circunscreve um campo de luta por direitos. Mas nesse caso a existência de uma cultura pública igualitária é fundamental para o modo como os indivíduos problematizam suas circunstâncias de vida enquanto exigência de uma civilidade e equidade que lhes é negada através de discriminações e exclusões diversas. Afinal, foi em nome de uma igualdade prometida pelos tempos modernos que, a partir do século XIX, trabalhadores se organizaram, lutaram e conquistaram direitos, subvertendo uma tábua de valores sob a qual eram percebidos, pela sua própria condição de vida e trabalho, numa condição de minoridade que os colocava aquém das regras de equivalência pressupostas na igualdade perante a lei. No decorrer do século XX, a ampliação e a universalização dos direitos de cidadania corresponderam a essa mesma exigência de igualdade. E em tempos mais recentes, sob o signo dos "novos direitos", sob a bandeira do "direito à diferença", negros, mulheres e minorias étnicas, para ficar apenas nos exemplos mais conhecidos, recusaram as diferenças como critérios discriminadores para afirmá-las na sua positividade, exigindo direitos que lhes garantissem equidade na vida em sociedade. É nisso que Lefort localiza a eficácia simbólica dos direitos enquanto referência que cria identificações coletivas a partir de exclusões comuns percebidas como injustas, criando uma circularidade entre lutas diversas a partir do reconhecimento de uma exigência comum de liberdade e justiça. São lutas que mostram a convergência da lei, como referência simbólica de uma igualdade prometida a todos, com a experiência das desigualdades e discriminações. É nessa convergência que a cidadania pode se traduzir no registro do civismo enquanto prática que faz apelo a valores publicamente reconhecidos e que aposta na existência de uma ordem legal capaz de garantir as reciprocidades que a noção de igualdade supõe. Nesse registro, os direitos poderiam ser pensados como forma de subjetivação e construção de identidades de indivíduos que se percebem como sujeitos de direitos que lhes são recusados, traduzindo (e desprivatizando) os sofrimentos cotidianos na linguagem pública da igualdade e da justiça.

É possível dizer que o drama da sociedade brasileira está por inteiro inscrito nessa equação entre cidadania e civismo que não se completa. Aqui se faz notar a outra ponta em que uma experiência de cidadania que não é conjugada com direitos civis mostra seus efeitos. É curioso perceber como os avanços das lutas sociais no país não corresponderam a movimentos pela defesa dos direitos civis. Já se notou que no imaginário coletivo, os direitos sociais são especialmente valorizados, sem que o mesmo ocorra com os direitos individuais. Estes, quando não são simplesmente desconhecidos, são percebidos numa lógica muito peculiar, no registro do privilégio dos que detêm posições de poder na socie-

Os sentidos da destituição 77

dade. Daí essa expressão — "a justiça é coisa de rico" — tão corriqueira no universo popular. Mas daí também o espantoso deslizamento que sofre o discurso dos direitos humanos quando ganha a cena pública, entrando em um terreno minado em que experiência, tradições e imaginário se encontram para decodificar os direitos civis nos termos de uma defesa do crime e dos criminosos, na percepção de que esses direitos de nada mais servem que para acobertar a impunidade e defender aqueles que não merecem mais do que a repressão aberta e a punição exemplar (Caldeira, 1991). Certamente, isso tem a ver com uma experiência histórica que se fez ao revés da tradição liberal da equivalência jurídica formal e que construiu a figura do indivíduo, base da moderna concepção de direitos. Porém, talvez o mais importante, é uma experiência da legalidade que se faz como experiência do arbítrio, nos usos autoritários da lei, que, ao invés de igualar e garantir direitos, é utilizada frequentemente como instrumento de sujeição, repondo hierarquias onde deveriam prevalecer os valores modernos da igualdade e da justiça. Numa sociedade que instituiu a experiência insólita do arbítrio legal,[7] é obstruída a construção da lei como referência — referência real, referência simbólica — de uma igualdade prometida para todos, alimentando a crença na capacidade da legalidade em dirimir conflitos, impor limites ao arbítrio do poder e garantir as reciprocidades que a noção de igualdade supõe. Sem isso, é difícil imaginar o surgimento de uma cultura cívica e de movimentos pela defesa de direitos civis. Poder-se-ia dizer que nessa equação entre cidadania e civismo que não se realiza, se aloja boa parte das dificuldades para o enraizamento da democracia nas práticas sociais e generalização de uma consciência de direitos.

Cidadania, civilidade e civismo: três modos de dizer o lugar dos direitos, como lei e cultura pública, como regra da sociabili-

---

[7] A expressão é de Chaui (1987).

dade e como modo de subjetivação e construção de identidades. Evocam três dimensões da vida social que se articulam na experiência que os indivíduos fazem da sociedade, circunscrevendo o modo como circunstâncias, constrangimentos e fatos que afetam suas vidas são problematizados e julgados nas suas exigências de igualdade e justiça, nas responsabilidades envolvidas e nas reciprocidades esperadas na trama das relações sociais. Três termos que, na sociedade brasileira, se realizam com sinais negativos. Numa sociedade que não foi submetida à "revolução igualitária", a incivilidade cotidiana opera como uma espécie de curto-circuito entre a igualdade prometida pela lei e os códigos que ordenam a experiência que os indivíduos fazem da sociedade. Ao contrário do que sugere a imagem da oposição entre o Brasil legal e Brasil real, não se trata de leis que não funcionam e que são como que revogadas sociologicamente por uma realidade que não se ajusta à racionalidade abstrata das regras formais. A persistência de desigualdades hierarquizadas não tem a ver com dimensões da vida social que estariam subtraídas ao império da lei. Ao contrário disso, a lógica das discriminações opera no modo mesmo como a legalidade se institui na sociedade brasileira. Todo o problema parece estar precisamente na vigência de um mundo legal que não chega a plasmar as regras da civilidade e os termos de uma identidade cidadã, de tal modo que hierarquias são repostas onde deveriam prevalecer os valores modernos da igualdade e da justiça. Em outros termos, é na própria experiência do mundo público da lei que o "pobre" é jogado para a esfera da natureza, mundo das hierarquias naturais através das quais discriminações e exclusões se processam.

Nesse ponto, é a experiência da pobreza — a experiência do "ser pobre" — que interessa investigar. Se essa experiência importa, não é porque com ela se poderia ilustrar o "outro lado" para apenas confirmar o já sabido. É nesse terreno que se pode identificar a tensão entre a cultura hierárquica plasmada na normatividade da vida social e a experiência das opressões, discrimi-

Os sentidos da destituição   79

nações e exclusões. Seria necessário interrogar sobre o modo como essa experiência é elaborada e transfigurada na percepção que os indivíduos constroem das possibilidades e impossibilidades, virtualidades e limites contidos em seus horizontes de vida. É no modo como o mundo social é percebido e construído como horizonte plausível de suas vidas que talvez se tenha uma via de acesso para compreender essa relação feita em negativo entre a ordem da lei, a da sociabilidade e a da subjetividade.

Se aqui se está propondo partir da experiência para identificar os fios que articulam (em negativo) pobreza e cidadania, não é para encontrar uma verdade que denunciaria a mentira ideológica contida na "versão oficial" da pobreza como foco da desordem e da violência. Em primeiro lugar, porque essa imagem não é pura ficção, é construída através de um conjunto de representações que encenam o lugar das classes nas hierarquias simbólicas da sociedade. Em segundo lugar, essa imagem não existe apenas como discurso, mas é tecida numa normatividade em que o sentido de ordem é (também) produzido nas formas ritualizadas da vida social que sacramentam identidades, diferenças e lugares de pertencimento. Nesse caso, não é irrelevante o fato de que a oposição entre "trabalhador" e "pobre", entre "trabalhador" e "marginal" — categorias que discriminam ordem e desordem e constroem a figura exemplar do "trabalhador honesto" que se salva, pelo seu labor e cumprimento de seus deveres, da poluição moral da pobreza — ganhe forma nesse peculiar rito da vida social que é o trabalho e que define a passagem para a existência civil através da carteira de trabalho. Rito social que revela o que Bourdieu (1982) define como poder simbólico da nomeação que cria identidades sociais, que faz indivíduos, grupos ou classes existirem socialmente, que lhes atribui um modo de ser em sociedade, mas que, no mesmo ato, joga para uma existência bastarda, indiferenciada, todos os que não foram ungidos pelo poder do nome.

Na tradição brasileira, a regra formal que prescreve o acesso aos direitos sociais desdobra-se em algo como uma lei moral que julga a pertinência do indivíduo na vida em sociedade, o seu direito a existir socialmente e a ser reconhecido como cidadão: para ter direitos e acesso a uma existência legítima, o indivíduo tem que provar ser um trabalhador responsável, com uma trajetória ocupacional identificável em seus registros, persistente na vida laboriosa e cumpridor de seus deveres. A prova de que isso é consubstancial aos "rituais de instituição" criadores de identidades sociais legítimas, conhecidas e reconhecidas é a suspeita que recai sobre todos os que não apresentam as credenciais de reconhecimento e que têm, por isso mesmo, uma existência social indiferenciada na sua ilegitimidade, sempre sujeitos à repressão policial. De que isso forneça os critérios e categorias através das quais as diferenças sociais são percebidas e julgadas na vida social, é prova a aceitação tácita na sociedade brasileira da carteira de trabalho como sinal de uma respeitabilidade e honestidade que redime o trabalhador do estigma da pobreza. De que isso, ainda, componha os horizontes simbólicos do mundo social é prova essa curiosa expressão popular do "procurar os direitos". Como mostra Teresa Caldeira (1984), nas representações populares os direitos são percebidos como prerrogativa exclusiva daqueles que, por oposição aos que "não são direitos", se sabem bons cidadãos porque trabalham honestamente, cumprem suas obrigações, têm ficha limpa e carteira de trabalho assinada. Singular percepção dos direitos essa que não traduz uma consciência cidadã, mas que é formulada nos termos do dever e da prescrição moral, no que se explicita uma experiência histórica de cidadania que foi escrita em negativo, que define o cidadão pela ordem das obrigações e que contém na própria enunciação dos direitos o princípio da sua criminalização.

É certo que as figuras modelares do "trabalhador", do "pobre" e do "delinquente" são construções ideológicas que ocultam a violência inscrita na sobrevivência cotidiana, é certo também que são clivagens que transfiguram em hierarquias morais diferenças que nas situações concretas de vida têm fronteiras fluidas e incertas. Mas há um efeito de poder nessas construções — poder simbólico —, pois elas montam um universo de representações que,

Os sentidos da destituição   81

tanto quanto a privação material, são definidoras da pobreza. E é isso precisamente que arma o drama da pobreza como condição de existência. Numa fórmula quase lapidar, o pobre é aquele que tem que provar o tempo todo, se fazer ver e reconhecer a si próprio e à sociedade a sua própria respeitabilidade num mundo em que os salários insuficientes, a moradia precária, o subemprego e o desemprego periódico solapam suas condições de possibilidade. Nesse caso, seria possível dizer que a condição de pobreza se traduz na experiência de uma liminaridade real ou virtual entre a ordem e a desordem, experiência que transcorre nas frágeis fronteiras que separam o "trabalhador honesto" do "pobre", que vive a desordem moral como fado, e do "marginal", que faz dessa desordem uma estratégia e um estilo de vida.

É uma experiência feita no jogo ambivalente de identificações e diferenciações, elaborada entre a percepção de uma condição comum de privação que dilui perigosamente as fronteiras entre uns e outros e a construção de um universo moral no qual homens e mulheres se reconhecem como sujeitos capazes de lidar com os azares da vida e de se distanciar, se diferenciar, dos que foram pegos pela maldição da pobreza. É nos sinais que trazem dessa liminaridade que as circunstâncias de vida são problematizadas, circunscrevendo o modo como identidades são construídas e reconhecidas. Alba Zaluar (1985) mostra que, nas representações populares, a oposição trabalho-delinquência é central na forma como o trabalhador pobre elabora uma noção de trabalho honesto que se refere menos a uma experiência no mercado de trabalho — via de regra, ausente como experiência positiva — e mais a uma ética do provedor que confere valor moral à persistência de uma vida ancorada no trabalho regular e na família organizada. Persistência percebida como uma escolha apoiada no exercício de uma razão e de uma vontade que o diferenciam moralmente de todos os que não fazem do trabalho regular uma opção de vida, que sucumbiram diante das adversidades comuns a todos, entrando no caminho sem volta do crime e da marginalidade: "é a ética do provedor de sua família que permite ao trabalhador sentir-se no seu íntimo e aparecer em público como moralmente superior aos bandidos" (p. 145).

Esse reconhecer-se e se fazer reconhecer como sujeito moral dotado de discernimento nas escolhas feitas em uma trajetória de vida ordenada entre o trabalho e a família parece se determinar entre a percepção das fatalidades da pobreza e a crença em uma esfera de autonomia em que os indivíduos podem fazer frente às condições adversas que levam gente tão próxima e igual para o caminho do "ganho fácil" do crime. É na mesma lógica de diferenciação que identidades são afirmadas diante dos "pobres-de--tudo", num modo de se fazer ver e reconhecer na sua capacidade de construir uma vida digna "apesar da pobreza" (Caldeira, 1984). Os "pobres-de-tudo" são os favelados e os que não têm um lugar fixo onde ancorar suas vidas, os que não conseguem emprego regular e vivem à deriva das circunstâncias e acasos da vida. Os traços visíveis de sua miséria são percebidos como prova das fatalidades do destino, mas também de uma incapacidade e de um fracasso. Diante desses deserdados da sorte, os "pobres honestos" se percebem como sujeitos que souberam vencer as adversidades da vida através do trabalho regular, da persistência e da coragem, que foram capazes, "apesar da pobreza", de garantir uma dignidade para suas vidas através da família unida, da casa limpa e bem cuidada, da boa aparência e da cordialidade de seus comportamentos. Símbolos de uma vida digna e "bem-sucedida", símbolos que constroem a figura do "pobre porém honesto", casa e família montam um universo moral no qual a "rua", lugar dos que vivem sem eira nem beira, é percebida como espaço da desordem moral, da família desunida, da sujeira, da violência e do crime, no que traduzem a seu modo a associação entre pobreza, desordem moral e violência.[8]

---

[8] Nas representações populares, "está sempre presente uma dicotomia casa-rua, em que se associa os valores positivos da limpeza (do corpo e da alma) e da ordem (estruturação familiar) à primeira e os negativos de sujeira

Mais do que a incorporação evidente dos estigmas da pobreza, chama atenção nisso tudo a construção de uma ordem de vida inteiramente projetada das reciprocidades morais da vida privada. É nisso que se faz ver os sinais de uma privatização de experiências que não conseguem ser formuladas na linguagem pública dos direitos. Aqui, a privação de direitos transparece por inteiro num horizonte simbólico de causalidades e responsabilidades que transfere para a ordem moral privada as condições de possibilidade de uma vida "bem-sucedida".

Numa sociedade em que o espaço público — o "mundo da rua", como diz Da Matta — existe como violência e insegurança, é no universo moral da vida privada que os trabalhadores encontram plausibilidade para suas vidas num mundo em que tudo lhes é adverso. Universo moral que se estrutura nas frágeis e incertas fronteiras que separam a ordem da desordem, fronteiras que carregam o peso de todos os estigmas da pobreza e que transparecem no modo como diferenciações são estabelecidas e identidades são construídas. Porém, nem por isso a experiência que esses homens e mulheres fazem da sociedade se fecha à percepção de uma injustiça inscrita em suas vidas. Num certo sentido, a importância da família e dos códigos morais que estruturam suas vidas pode ser tomada como sinal de uma privatização que parece fixá-los no mundo das diferenças e hierarquias naturais. No entanto, esse é um mundo que não se fecha inteiramente como natureza.

(física e moral) e desordem (não-família) à segunda. A meu ver, é esse tipo de valor que está por trás do fato de os 'mais pobres' serem invariavelmente definidos pelo lugar em que vivem: ficam 'por aí', ou seja na sujeira ('tudo acha que eles são sujos') e na 'desordem' ('vão pra sarjeta, porque não se habitou num ambiente melhor') [...] Nas representações dos entrevistados é nas ruas e favelas onde estão o ambiente deteriorado, a sujeira, a família desagregada, o não trabalho, a vagabundagem, enfim, todas aquelas características que descrevem 'os mais pobres de tudo'. E serão essas mesmas características e esses mesmos personagens que estarão invariavelmente associados à violência e ao crime" (Caldeira, 1984: 165-6).

Diante do destino comum do "ser pobre", há a percepção de um espaço de autonomia no qual através da ação, deliberação e discernimento podem se afirmar e se reconhecer como sujeitos que, pelas suas qualidades e virtudes morais, são capazes de contornar as adversidades da vida. Se a ótica moral predomina, isso não seria possível sem uma noção de indivíduo capaz de deliberação e escolha (Montes, 1981).

É nesse modo de se perceber nas virtualidades de um sujeito moral que a experiência da pobreza se abre à percepção de uma injustiça instalada no mundo. Mas é uma injustiça percebida do ponto de vista da moralidade pessoal. Aparece como ruptura das reciprocidades morais que se esperam numa vida em sociedade, ruptura vivida no esforço não recompensado, no trabalho que não é valorizado, na remuneração que não corresponde à dignidade de um chefe de família, nas autoridades que tratam o trabalhador honesto como marginal, no desrespeito e descaso que recebem em troca do "dever cumprido", na polícia que confunde o trabalhador com o bandido, na lei que penaliza os fracos e protege os poderosos, na justiça que não funciona, que condena os desgraçados da sorte e deixa impunes os criminosos. Essa quebra das reciprocidades esperadas é vivida como sofrimento moral por aqueles que não encontram nas múltiplas interações da vida social a validação e reconhecimento de suas pessoas, de suas virtudes, de suas qualidades e de seus esforços de pertencimento legítimo na sociedade.

Se a experiência da ordem legal existe como repressão e insegurança, nesse registro, aqui, aparece como desordem. Desordem que desestrutura estratégias de vida através das quais os "pobres honestos" buscam conferir dignidade a suas vidas. Desordem também, e sobretudo, que rompe os equilíbrios morais projetados da vida privada e por onde imaginam uma ordem social justa que retribua a cada um conforme o seu valor e o seu esforço. O problema aqui não é a existência de uma noção de justiça pensada nos termos das reciprocidades morais, mesmo porque esse é o substrato de toda reivindicação por igualdade e justiça. O problema está

Os sentidos da destituição

nas dificuldades de investir a esperança de justiça na esfera mundana das leis e traduzi-las na linguagem pública dos direitos, enquanto exigência coletiva que cobra da sociedade suas responsabilidades nas circunstâncias que afetam suas vidas. Não é de estranhar, portanto, que no imaginário popular as expectativas de justiça sejam transferidas para a ideia de um governo forte e onisciente, capaz de ouvir as necessidades dos mais fracos e restaurar os equilíbrios rompidos pela ganância dos ricos e abuso dos poderosos.

Como mostra Montes (1981), as imagens de um governo justiceiro são tecidas num conjunto de representações em que o universo moral do "mundo da casa", com suas hierarquias e reciprocidades, se encontra com uma visão cósmica do mundo — "o outro mundo", universo trabalhado pelas religiões populares — na qual se expressam as esperanças de redenção. É uma noção de justiça que se elabora no interior de um universo moral no qual as diferenças entre as pessoas são percebidas através de categorias éticas, as diferenças de poder, de prestígio e de riqueza sendo julgadas por referência às qualidades e vícios dos homens nas suas relações com as coisas e com as pessoas. É um universo moral, diz Montes, que se articula com as esperanças de redenção alimentadas na crença de uma Providência enquanto instrumento do Bem e da Justiça no mundo dos homens.

É nessa articulação que se ergue a expectativa de que surja uma vontade generosa, capaz de resolver o paradoxo ético da virtude não recompensada e da vitória da injustiça, restaurando os equilíbrios morais desfeitos pela maldade, avareza e ganância dos homens. Como parece claro, a tradição política tutelar brasileira encontra ressonância nesse universo cultural, de tal modo que não deveria causar estranheza o surgimento periódico na história brasileira, incluindo os anos mais recentes, de figuras públicas transformadas em "heróis salvadores" (Velho, 1990), da mesma forma como não deveria causar espanto o apelo popular que, ainda hoje, no Brasil moderno, tem o discurso populista (Montes, 1981).

Arcaísmos da sociedade brasileira? Talvez. Porém, seria mais produtivo pensar que o problema não está num suposto atraso e tradicionalismo das classes populares, que esse arcaísmo, se é que faz sentido colocar nesses termos, está alojado no interior de uma modernidade incompleta, travada, que não se realiza plenamente no sentido da constituição de uma sociedade na qual homens e mulheres pudessem descobrir o sentido do espaço público como espaço no qual a igualdade e a justiça se realizam na prática democrática da permanente e reiterada negociação.

BIBLIOGRAFIA

ARENDT, Hannah. *A condição humana*. São Paulo: Forense Universitária, 1981.

BENEVIDES, Maria Victoria. *Violência, povo e polícia: violência urbana no noticiário de imprensa*. São Paulo: Brasiliense, 1983.

BOURDIEU, Pierre. *Ce que parler veut dire: l'économie des échanges linguistiques*. Paris: Fayard, 1982.

CALDEIRA, Teresa Pires do Rio. *A política dos outros: o cotidiano dos moradores da periferia e o que pensam do poder e dos poderosos*. São Paulo: Brasiliense, 1984.

CHAUI, Marilena. *Conformismo e resistência: aspectos da cultura popular no Brasil*. São Paulo: Brasiliense, 1987 (2ª ed.).

DA MATTA, Roberto. *A casa e a rua: espaço, cidadania, mulher e morte no Brasil*. São Paulo: Brasiliense, 1985.

_____. "As raízes da violência no Brasil: reflexões de um antropólogo social". In: PAOLI, Maria Célia *et al. A violência brasileira*. São Paulo: Brasiliense, 1982.

_____. *Carnavais, malandros e heróis: para uma sociologia do dilema brasileiro*. Rio de Janeiro: Zahar, 1983 (4ª ed.), cap. IV.

DUMONT, Louis. "Casta, racismo e estratificação". In: AGUIAR, Neuma (org.). *Hierarquia em classes*. Rio de Janeiro: Zahar, 1974.

_____. *Homo Aequalis: genèse et épanouissement de l'ideologie économique*. Paris: Gallimard, 1977.

DUPUY, Jean Pierre. "Natureza e diferenças". *Filosofia Política*, Porto Alegre, L&PM, nº 4, pp. 13-27, 1987.

Os sentidos da destituição

LEFORT, Claude *Essais sur le politique: XIXe-XXe siècles.* Paris: Seuil, 1986.

LIMA, Roberto Kant. "Cultura jurídica e práticas policiais: a tradição inquisitorial". *Revista Brasileira de Ciências Sociais*, São Paulo, Vértice, vol. 4, n° 10, pp. 65-85, 1989.

MONTES, Maria Lucia. "O discurso populista ou caminhos cruzados". In: MELO, José Marques. *Populismo e comunicação.* São Paulo: Cortez, 1981.

PAIXÃO, Antonio Luiz. "Crime, controle social e consolidação democrática". In: REIS, Fabio Wanderley; O'DONNEL, Guilhermo (orgs.). *A democracia ro Brasil: dilemas e perspectivas.* São Paulo: Vértice, 1988, p. 189.

PAOLI, Maria Célia. "Violência e espaço civil". In: PAOLI, Maria Célia *et al. A violência brasileira.* São Paulo: Brasiliense, 1982.

PHARO, Patrick. *Le civisme ordinaire.* Paris: Librairie des Meridiens, 1985.

PIERUCCI, Antônio Flávio. "A direita mora do outro lado da cidade". *Revista Brasileira de Ciências Sociais*, São Paulo, Vértice, vol. 4, n° 10, pp. 44-64, 1939.

VELHO, Gilberto. "A vitória de Collor: uma análise antropológica". *Novos Estudos CEBRAP*, São Paulo, n° 26, pp. 44-8, 1990.

ZALUAR, Alba. *A máquina e a revolta: as organizações populares e o significado da pobreza.* São Paulo: Brasiliense, 1985.

3.
TRABALHO E FORMAS DE VIDA

Nesses tempos difíceis em que os destinos do país estão sendo decididos numa encruzilhada de alternativas incertas, a questão da pobreza ocupa lugar singular. No início de 1993, a divulgação dos dados do IBGE e do "mapa da fome" do IPEA, medindo o tamanho da tragédia social, funcionou como um soco que acabou de destruir muitos dos mitos que, durante décadas, construíram a imagem do "País do Futuro" e alimentaram a crença no futuro luminoso do progresso.[1] Não se trata apenas do reconhecimento de que soluções para a questão social são inadiáveis em um país que sempre fez da modernidade (ou modernização?) um projeto nacional. Mas porque em torno das evidências da pobreza nacional estruturou-se um campo de debate no qual o próprio país é problematizado, debatido, revisto e repensado em sua história e horizontes possíveis de futuro, tradições, possibilidades e sobretudo limites.

---

[1] O editorial do jornal *O Estado de S. Paulo* — "Não mais o país do futuro" (15/3/1993) — sugere o quanto o espetáculo da pobreza compunha o clima geral de desânimo que se seguiu à "festa cívica" do *impeachment* do governo Collor. Em meio a uma conjuntura política desalentadora, sucederam-se reportagens, artigos e editoriais que tematizavam o fracasso do Estado em seu projeto de desenvolvimento e progresso. O fim do "País do Futuro" foi então tematizado insistentemente: as mazelas do Estado foram dissecadas e amplamente documentadas as práticas disseminadas de corrupção, os descalabros da burocracia, o desperdício e dilapidação dos recursos públicos.

O fato é que a pobreza atual parece constituir uma espécie de buraco negro no qual convergem, combinam-se, entrecruzam--se, misturam-se crises várias, fazendo dela — mais do que as evidências da destituição da maioria — a questão da qual parece, cada vez mais, depender os destinos do país. Questão difícil de ser deslindada pois nela articulam-se temporalidades diversas: o peso da história de uma sociedade de tradição excludente e autoritária, na qual os direitos nunca foram reconhecidos como parâmetros no seu ordenamento econômico e político; anos seguidos de uma crise econômica e política que desorganizou economia e sociedade, aumentando a chamada dívida social numa tal escala que parece haver poucas dúvidas de que, se soluções existem, serão e deverão ser obra de gerações e não o resultado de ações pontuais e imediatas; finalmente, o futuro sombrio prometido por um projeto de modernização comandado pelas transformações em curso no mundo contemporâneo, que contêm, muito concretamente, os riscos de uma dualização da sociedade, dividida entre enclaves de "modernidade" e uma maioria sem lugar.

Nessa trama complicada de que são feitos os dilemas atuais, inscreve-se, ainda, uma desorganização do Estado, de suas burocracias e instituições que, em meio a circunstâncias diversas que a determinam, vem minando o sentido mesmo de ordem pública (O'Donnel, 1993), da qual depende, em grande medida, as regularidades da vida social. É isso que transparece nas evidências de uma deterioração de padrões societários, aí incluindo a violência de todos os dias e o comportamento predatório que vem se generalizando por todos os lados (Santos, 1993). A assim chamada crise do Estado não é, como se sabe, problema exclusivo da situação brasileira. Associada à mundialização da economia, tal crise está na ordem do dia no cenário contemporâneo. Discutir essa questão não é objetivo deste texto. Mas se a referência a ela importa, é porque ao mesmo tempo em que se processam fragmentações e segmentações que desestruturam identidades coletivas tradicionais e criam novas clivagens, há a erosão das referências públicas nas quais sempre se projetaram, para o bem ou para o mal, esperanças de progresso, de igualdade e de justiça. Se não há razões para lamentar o esgotamento de uma versão estatizada de bem-estar, na qual, no correr do século XX, se projetaram — e se reduziram, como enfatiza Habermas (1987) — utopias emancipatórias, o problema todo parece estar em uma perda de parâmetros públicos, sem que outros (ainda?) tenham sido construídos, para problematizar e figurar o drama social como questão pertinente às regras da vida em sociedade. E isso complica enormemente a situação atual.

As transformações em curso levam-nos a pensar que estamos diante de mais um ciclo de modernização selvagem e excludente, tão própria da história brasileira. O peculiar dos dias que correm é que se trata de uma modernização que desloca os termos pelos quais o país foi tradicionalmente pensado e alternativas formuladas, em meio a uma crise que é também, portanto, uma crise de referências e parâmetros estabelecidos.

A reestruturação industrial, as mudanças no padrão tecnológico, as transformações na composição do mercado e as tendências já visíveis de flexibilização e precarização do trabalho redefinem a questão social. Pois antigas e persistentes desigualdades sociais são sobrepostas por clivagens e diferenciações que afetam ordenamentos sociais, redefinindo as relações entre economia e sociedade e desfazendo a eficácia possível (ou esperada) de fórmulas políticas conhecidas.

Não por acaso o tema da dualização da sociedade vem ganhando espaço no debate atual, um novo tipo de dualismo, que nada tem a ver com a velha e já ultrapassada dicotomia tradicional-moderno e que tampouco corresponde às formas tradicionais de marginalização, tão debatidas nos anos 60. Trata-se de um novo dualismo, que traduz uma ordem social segmentada, que produz um novo tipo de exclusão social, em que à integração precária no mercado se sobrepõem o bloqueio de perspectivas de futuro e a perda de um sentido de pertinência à vida social (Lechner, 1990). É isso propriamente que caracteriza a chamada nova pobreza, que escapa às soluções conhecidas e formuladas nos ter-

Trabalho e formas de vida

mos de políticas distributivas e compensatórias, pois estas têm por suposto exatamente o que parece estar deixando de ser plausível, ou seja, a possibilidade de um integração regular no mercado de trabalho (Ribeiro, 1993).

Se durante décadas integração e mobilidade social se realizaram através do mercado e acesso a serviços públicos (Faria, 1992); se durante décadas foi nesses termos que se estruturou um imaginário coletivo de progresso e se projetaram esperanças de futuro, é essa dinâmica que parece ter se esgotado, com o particular agravante de que nem mesmo chegou a realizar as promessas de modernidade nela contidas, promessas a rigor o tempo todo obstruídas pela reiterada denegação de direitos que tanto caracteriza a sociedade brasileira. Essa é uma questão que está, certamente, na ordem do dia, conformando, em grande parte, os dilemas de um país que fez a opção democrática sem resolver — e estando longe de resolver — as difíceis relações entre modernização e modernidade. É isto que está, hoje, colocado no horizonte político deste país, sob o impacto de políticas econômicas e sobretudo de um projeto de modernização que, se efetivado, haverá de produzir algo como, para usar a expressão de Raymundo Faoro (1992), um encolhimento do país. E é nisto que se especifica o problema da pobreza atual: na convergência entre velhas e novas exclusões no cenário de transformações que se processam em ritmo acelerado sem que se tenham conquistado patamares mínimos de igualdade civil e social.

Tudo isso mereceria uma discussão muito mais ampla do que seria possível realizar neste artigo. No entanto, essa mais do que rápida e incompleta pontuação dos dilemas atuais tem o sentido de demarcar o terreno das questões que interessa discutir no momento. O que se está aqui sugerindo é que, se a pobreza carrega o peso de toda uma história, soluções terão que ser inventadas no horizonte dos dilemas contemporâneos. Nesses tempos em que se redefinem as relações entre Estado, economia e sociedade, em que a crença em soluções redentoras não mais se sustenta, em que exclusões, velhas e novas, se processam numa lógica que escapa às soluções conhecidas, nesses tempos o que parece estar em jogo é a possibilidade de uma *nova contratualidade* que construa uma *medida de equidade* e as *regras da civilidade* nas relações sociais. E isso está a depender de espaços públicos por onde interesses possam se fazer representar, ganhar visibilidade e legitimidade nas razões e valores que lhes conferem validade, permitindo, no cruzamento dos conflitos que expressam, a construção de parâmetros públicos que reinventem a política no reconhecimento de direitos como *medida de negociação e deliberação* de políticas que afetam a vida de todos.

Em meio a essa espécie de síndrome do fracasso que parece estar tomando conta dos humores nacionais, em que o espetáculo político armado em torno do Estado parece alimentar, cotidianamente, a aposta individual e coletiva no desastre nacional, na dinâmica mesma da sociedade existem registros e sinais que apontam nessa outra direção.[2] São práticas, experiências e acontecimentos que reatualizam a invenção democrática que caracterizou os anos 80, em uma descoberta da lei e dos direitos (Paoli, 1992) que se firma e se renova na prática da representação, interlocução e negociação de interesses. É uma possibilidade que se enuncia, por exemplo, na esfera do trabalho, em acordos erigidos na base de regras pactuadas de conflitos de interesses e que tentam a difícil articulação entre economia e direitos, acumulação e equidade (Oliveira, 1993); em formas inéditas de gerenciamento de conflitos urbanos que apontam para uma legalidade emergente que se abre ao reconhecimento de novos direitos, seja em conflitos urbanos nos quais se processa, ali onde antes havia apenas o *jogo bruto da força*, algo como uma jurisprudência prática ou informal que reinterpreta a lei, transcrevendo demandas antes sem lugar na ordem legal, no código de direitos legítimos (Falcão, 1987), seja em experiências municipais (poucas, mas importantes em seu significado) que cons-

---

[2] Desenvolvi essas questões em Telles, 1994a.

Trabalho e formas de vida   93

troem uma nova institucionalidade que redefine o próprio sentido de lei, posta não no registro da prescrição ou normatização, mas como marco legítimo para a emergência de espaços de participação, representação e negociação (Silva, 1991); nos inúmeros fóruns de negociação que se vêm multiplicando nos últimos anos, nos quais questões tão diversas como habitação, saúde, meio ambiente e direitos humanos se apresentam como questões a serem levadas em conta na gestão da coisa pública.

Os mais céticos poderão dizer que tudo isso nada mais representa do que uma versão moderna de nosso velho e conhecido corporativismo, de fundas raízes em nossa história. Ou poderão argumentar que não passam, para usar expressão de Wanderley Guilherme dos Santos (1993), de movimentos de superfície, incapazes de romper as regras restritas e excludentes da arena política organizada. Outros poderão simplesmente ponderar que são iniciativas tímidas, fragmentadas, isoladas, locais e, por isso mesmo, muito aquém das soluções que a tragédia social brasileira está a exigir. É possível que cada qual tenha aqui sua parcela de verdade. E nada garante — e isso é o mais importante — que essas experiências (e outras) serão capazes de generalizar e universalizar novos termos do contrato social. No entanto, por maiores que sejam suas ambivalências e contradições, limites e fraquezas, essas experiências permitem — e isso não é pouco — o pensamento e a imaginação políticas. Sobretudo, permitem nomear e formular o desafio que se tem pela frente. Pois se a pobreza é questão de direitos e conquista de cidadania, o que parece estar em jogo é a possibilidade de que, neste país, se dê a construção democrática de uma noção de bem público, de interesse público e de responsabilidade pública que tenha como medida os direitos de todos.

Por outro lado, se é na dinâmica mesma da sociedade que se pode nomear e interpretar a novidade dos acontecimentos recentes, é também por esse ângulo que se tem uma chave para formular a questão das difíceis relações entre pobreza e cidadania. Não se trata aqui de mostrar o "outro lado" que serve para relativizar esperanças democráticas ou talvez contentar os mais céticos (hoje muitos) quanto aos rumos da sociedade brasileira, mas de sugerir o terreno ambivalente no qual as conquistas se processam. Se é certo que avanços notáveis ocorreram nos últimos anos, é preciso que se diga que estes são frágeis e as conquistas são difíceis em uma sociedade em que o eventual atendimento de reivindicações está longe de consolidar direitos como referência normativa nas relações sociais, de tal forma que conquistas alcançadas podem ser desfeitas sem que isso suscite o protesto ou indignação de uma opinião pública crítica. Sobretudo, uma sociedade na qual práticas de organização e representação se generalizam com dificuldade para além dos grupos mais organizados, por conta de uma gramática social muito excludente que joga muitos fora do poder de interpelação de sindicatos, partidos e associações civis.

E esse é o ponto cego da recente democracia brasileira, numa sociedade civil restrita — talvez truncada, poder-se-ia dizer — por via de uma exclusão que joga muitos, definitiva ou intermitentemente, numa situação em que não há vias por onde necessidades e interesses possam ser formulados nos termos de direitos legítimos, tornando factível a representação, negociação e interlocução em espaços legitimados de conflito. E é isso o que define o sentido mesmo de exclusão, para além do que indicadores sociais são capazes de medir.

MERCADO DE TRABALHO, INSTABILIDADE E POBREZA

É a lógica dessa exclusão que interessa compreender. É nela que se evidenciam as relações que articulam, em negativo, pobreza e cidadania. Não se pretende aqui discutir ou formular indicadores que medem pobreza e miséria. Tampouco fazer uma etnografia de populações empobrecidas. O que importa sobretudo é compreender os termos de um contrato social excludente. E nesse caso,

Trabalho e formas de vida

as regras que organizam o mercado de trabalho nos podem oferecer uma via possível de entrada. Primeiro, porque essa sociedade civil, por assim dizer inacabada, se projeta por inteiro na pauperização que, hoje, atinge parcelas majoritárias dos trabalhadores integrados no mercado de trabalho. Segundo, porque é nele que talvez se explicite o lado mais desconcertante da sociedade brasileira, uma sociedade que carrega uma peculiar experiência histórica, na qual a lei, ao invés de garantir e universalizar direitos, destitui indivíduos de suas prerrogativas de cidadania e produz a fratura entre a figura civil do trabalhador e a do pobre incivil. Em terceiro, porque as experiências que aí se processam esclarecem algo de como os (não)direitos e a (não)cidadania, para além dos problemas de engenharia institucional que conformam governo e instituições, afetam sociabilidade, identidades e modos de existência. E é isso sobretudo que esclarece o sentido mesmo de uma exclusão que afeta padrões societários e desafia fórmulas políticas conhecidas.

Seria possível dizer que o mercado oferece o retrato acabado de um sociedade na qual os direitos não fazem parte das regras que organizam a vida social. Para retomar os termos da discussão que aqui vem sendo proposta, é nele que se explicitam as regras excludentes de um contrato que joga maiorias fora dos vínculos civis que os direitos constroem ou deveriam construir. E sobretudo, é onde se evidencia uma dinâmica societária que obstrui a generalização dos direitos nas formas possíveis de representação e negociação. É sobretudo nisso que se especifica o dilema de uma sociedade na qual direitos e leis se impuseram como norma estatal, mas não instituíram as formas de um contrato, se por este entendermos não só as regras formais, mas o conjunto das obrigações e responsabilidades, garantias e prerrogativas que compensem a assimetria de posições, estabeleçam uma medida de equivalência e os termos de uma negociação possível em torno das regras de equidade e justiça nas relações de trabalho.

Os direitos trabalhistas se institucionalizaram como peça de um ordenamento jurídico que regulamenta os usos da força de

96   Pobreza e cidadania

trabalho, mas não se instituíram como valor, prática e referência normativa nas relações de trabalho, de tal modo que puderam conviver tão bem, ao longo da história, com um padrão autoritário e despótico de organização do processo produtivo e o uso espoliativo da força de trabalho. Essa é questão conhecida e sabemos que constitui o núcleo duro da tradição brasileira, que resiste, ainda hoje, aos avanços da representação sindical, que desfaz ganhos eventualmente conquistados em negociações salariais e mantém o espaço fabril fechado ao reconhecimento dos direitos como medida no gerenciamento das relações de trabalho. Mas o ponto a ser discutido não é propriamente esse e sim o fato de que, nessas condições, é o próprio contrato que não se completa, seja por conta dos salários irrisórios, seja por conta da indigência das garantias sociais em casos de doença, invalidez e acidentes, para não falar, é claro, do desemprego e da burla rotineira das regras formais do trabalho.

Com isso, o que chama a atenção aqui é uma precariedade (e vulnerabilidade social) que se instala no interior mesmo do mercado formal de trabalho.[3] O desemprego, bem o sabemos, é expressão disso, estratégia que é, como sempre foi, de gerenciamento da mão de obra, de redução de custos e ajuste às oscilações dos ciclos econômicos, e, mais recentemente, às novas regras da competição mundial. Essa é questão que Troyano aborda em artigo recente. Trabalhando com dados de 1989 e 1990, Troyano (1991) mostra que o desemprego se vem associando cada vez mais ao uso de uma força de trabalho fora do contrato formal de trabalho, seja pelo emprego sem vínculo legal, seja pela prática da subcontratação, seja ainda pelo uso do assalariamento disfarçado pela contratação do trabalho autônomo. São esses os termos pelos quais vem sendo aplicada a chamada flexibilização do trabalho, modo de escapar da pressão sindical, de se liberar de custos trabalhistas e ampliar ainda mais a autonomia nas práticas de

---

[3] Retomarei essa questão no capítulo 4 deste volume.

Trabalho e formas de vida

demissão. No período estudado, os "contratos flexíveis" atingiam 24% dos ccupados na Região Metropolitana de São Paulo, principalmente trabalhadores de baixa qualificação, os mais jovens e as mulheres, contingente de trabalhadores sabidamente com menor poder de barganha no mercado de trabalho. Isso mostra, enfatiza Troyano, que a legislação trabalhista não tem sido, como nunca foi, obstáculo para as empresas se ajustarem às condições adversas, sendo a precariedade dos vínculos de trabalho a expressão da ausência de parâmetros que regulem, imponham limites à entrada e saída do mercado de trabalho.

É essa instabilidade que talvez nos forneça uma chave para compreender as relações entre trabalho e pobreza, para além do que os indicadores de renda podem demonstrar. As pesquisas mostram que, com exceção talvez de um segmento mais qualificado, mais valorizado e mais preservado em seus empregos, uma ampla maioria de trabalhadores tem uma trajetória regida pela insegurança, pela instabilidade e mesmo precariedade nos vínculos que chegam a estabelecer com o trabalho. São trabalhadores que transitam entre empresas diferentes, que permanecem muito pouco tempo nos empregos que conseguem, que têm, por isso mesmo, pouca chance de se fixar em profissões ou ocupações definidas e que estão sempre, real ou virtualmente, tangenciando o mercado informal através do trabalho irregular e precário. Se bem que não seja objetivo aqui dar conta da dinâmica do mercado, cabem algumas indicações para ao menos pontuar a questão que interessa discutir. A começar dos dados da PNAD (1992), que mostram que, em 1990, 42% da população ocupada na Região Metropolitana de São Paulo estava em seus empregos há menos de dois anos. Mas mostram também que esses trabalhadores instáveis são predominantemente assalariados (85,8%). Se é situação que praticamente tipifica o assalariado sem carteira de trabalho (69,8% estavam há menos de dois anos em seus empregos), atinge parcela ponderável dos assalariados registrados (40,3%).

Por outro lado, pesquisa realizada, em 1990, em cinco distritos da região sul da cidade (Santo Amaro) oferece indicações quanto ao significado dessa instabilidade.[4] Na área pesquisada, em uma região habitada predominantemente por trabalhadores empobrecidos (mas não miseráveis) e de baixa qualificação, entre os ocupados, 28% estavam em seus empregos há menos de seis meses e 42% há menos de um ano. Mais do que confirmar o previsível, o que chama a atenção são as trajetórias desses trabalhadores no mercado de trabalho. Entre os que estavam empregados há menos de um ano, a maior parte (66%) não manteve a posição original, transitando entre o assalariamento com carteira de trabalho, o mercado informal e o desemprego, mas também, principalmente no caso das mulheres e dos mais jovens, a inatividade. Se essa espécie de nomadismo ocupacional, que circula entre o trabalho, o desemprego e a inatividade, é situação que praticamente caracteriza os assalariados no mercado informal, é também mais do que expressiva entre os que têm carteira de trabalho, quando estes não chegam a se fixar nos empregos que conseguem. Tomando por referência os doze meses anteriores à realização da pesquisa, dois terços mudaram de condição ao final de um ano: 25% deslocaram-se para o mercado informal, entre o assalariamento sem carteira e o trabalho por conta própria; 19,3% ficaram desempregados e 16% saíram do mercado de trabalho e entraram na inatividade.

A interpretação desses dados não é tão simples como as evidências poderiam sugerir. De um lado, as trajetórias não são unívocas, diferenciando-se conforme a condição de sexo, idade e posição na família, o que sugere uma teia intrincada de fatores em que se combinam oscilações do mercado, discriminações diversas e a dinâmica familiar. Por outro lado, nessas trajetórias,

---

[4] Com o objetivo de estabelecer relações entre desemprego e trajetórias ocupacionais, essa pesquisa foi realizada por John Humphrey, ao qual desde já agradeço a utilização de dados ainda não publicados. A propósito do impacto do desemprego nos índices de pobreza, com base nos dados dessa pesquisa, ver Humphrey, 1993.

Trabalho e formas de vida

não é fácil discernir a parte que cabe a fatores de longa data, aos efeitos de uma recessão prolongada ou a tendências mais recentes do mercado de trabalho. Dar conta dessas questões exigiria um detalhamento que não cabe no escopo desse artigo. De toda forma, parece claro — e pesquisas o demonstram — que desemprego, instabilidade e precariedade nos vínculos de trabalho são circunstâncias geradoras de pauperização.[5]

PRECARIEDADE E IDENTIDADE FRATURADAS

Essa pauperização não significa, porém, apenas degradação de condições materiais de vida. De acordo com Claus Offe (1989), o trabalhador só se transforma em trabalhador assalariado quando se torna cidadão. Offe argumenta que, na ausência de direitos e políticas sociais, o mercado tende a destruir o potencial produtivo da força de trabalho, a desestruturar formas de vida das quais depende a sua reprodução e, ainda, a solapar as disposições normativas para o trabalho, sem as quais a entrada no mercado não se efetiva inteiramente, pois, ao menos em princípio, a sobrevivência pode realizar-se por outros meios, como a migração, a busca de amparos assistenciais, aquilo que poderíamos chamar genericamente e com um tanto de imprecisão de produção doméstica, ou ainda o crime. Está aí uma questão interessante para ser pensada. Pois se direitos impõem (ou deveriam impor) limites e parâmetros para o funcionamento do mercado, se políticas sociais garantem (ou deveriam garantir) as condições de sobrevivência dos que estão temporária ou definitivamente fora do mercado, isso tem por pressuposto identidades estruturadas em torno do trabalho, ao mesmo tempo em que contribui positivamente

---

[5] A propósito, ver resultados da pesquisa realizada pelo Seade, em 1990, e publicada em 1992 sobre condições de vida e pobreza.

100   Pobreza e cidadania

para constituí-las. A situação brasileira é o retrato negativo disso que Offe define como "mercado organizado". Se não existem parâmetros para a entrada e saída no mercado de trabalho, se não existem limites para o uso espoliativo da força de trabalho, tampouco existem garantias — sem as quais o estatuto mesmo de trabalhador não se viabiliza. A questão do desemprego é, nesse sentido, paradigmática. Sem direitos que garantam a identidade e o estatuto de trabalhador, o rompimento do vínculo do trabalho pode significar uma situação que joga o trabalhador na condição genérica e indiferenciada do não-trabalho, na qual se confundem as figuras do pobre, do desocupado, da delinquência ou simplesmente da ociosidade e vadiagem. E isso propõe algumas questões a serem discutidas.[6]

Primeiro, esses trabalhadores que passam de um emprego a outro, que têm trajetórias descontínuas, marcadas pelo desemprego e pelas alternativas de trabalho fora das regras formais de contrato, no limite, perdem o estatuto mesmo de trabalhadores, em função desse permanente curto-circuito que o mercado produz no vínculo que chegam a estabelecer com o trabalho. Presentes no mercado de trabalho, suas identidades não se completam inteiramente, já que privados dessa espécie de acabamento simbólico implicado no exercício de direitos e na prática da representação sindical, acabamento simbólico que constrói parâmetros de semelhança, identificação e reconhecimento. Sem essa mediação representativa — representativa nesse duplo sentido, institucional e simbólico — em um mercado que desfaz, o tempo todo, a trama por onde identidades se completam ou se poderiam completar nas formas de seu reconhecimento, esses trabalhadores, se já não estão efetivamente, estão sempre no limiar dessa fronteira além

---

[6] Sobre o não-trabalho como esfera de indiferenciação e as formas como historicamente a conquista de direitos teve por efeito dissolver essa indiferenciação pela tipificação de situações e construção, sempre negociada, de categorias sociais, ver Salais, 1986.

Trabalho e formas de vida   101

da qual ganham na melhor das hipóteses a identidade ambígua do pobre incivil.

Por outro lado, sabemos que a teia de desigualdades plasmadas no mercado afeta diferenciadamente homens e mulheres, adultos, jovens e crianças, numa lógica em que a privação dos direitos se articula com estigmas de sexo e idade (e outros, como os de cor e origem) que sedimentam diferenças em discriminações diversas. Sabemos também que são inúmeras as clivagens de qualificação e salário, produzidas por um processo de trabalho que diferencia e hierarquiza a força de trabalho, sob critérios no mais das vezes arbitrários e regidos por uma razão disciplinadora. No entanto, na ausência de uma medida possível de equivalência entre situações diversas — medida esta que só poderia ser dada pelos direitos (e que portanto só poderia existir por referência aos valores de justiça e igualdade), desigualdades e discriminações se pulverizam em diferenciações que parecem corresponder nada mais do que aos azares de cada um e às diferenças de vocação, talento, capacidade e disposição para o trabalho. Talvez seja isso que defina o sentido mesmo do chamado mercado informal. Pois esse é um mundo que parece flutuar ao acaso de circunstâncias, sem explicitar suas relações com estruturas de poder e dominação, um mundo onde não existem contrato formal de trabalho, direitos sociais e representação profissional, um mundo, portanto, sem medida a partir da qual necessidades e interesses possam universalizar-se como demandas e reivindicações coletivas (Oliveira, 1987, 1988).

Para colocar em outros termos: para o trabalhador, na ausência das garantias que os direitos deveriam prover, o mercado parece operar com a aleatoriedade própria dos fenômenos da natureza, e as adversidades do emprego e do desemprego tendem a se confundir com os azares de cada um. Nesse caso, o problema todo está precisamente na ausência de uma medida a partir da qual necessidades e interesses possam ser formuladas como direitos. É essa possibilidade que, assim parece, o próprio modo como o mercado opera tende a obstruir, ao introduzir uma espécie de curto-circuito entre a esfera das necessidades e o mundo público dos direitos. É isso o que sugere essa descontinuidade do trabalho, em um mercado que se fragmenta em diferenças incomensuráveis: além da situação mais geral (e conhecida) dos trabalhadores pouco qualificados que não conseguem se fixar em ocupações definidas, vale pontuar algumas situações, menos pelo que representam na ordem das coisas (até porque são situações menos conhecidas e muito difíceis de serem mensuradas) e mais pelas questões que sugerem, do ponto de vista da discussão que aqui interessa fazer. É a situação, por exemplo, de trabalhadores que têm trajetórias assalariadas no mercado formal e lançam mão do trabalho irregular como alternativa ao desemprego prolongado, desenvolvendo atividades que, por mais permanentes e constantes que venham a se tornar, não são consideradas como trabalho, sendo este definido por referência à carteira de trabalho assinada, que lhes confere identidade, que registra e formaliza qualificação e experiência e que lhes garante direitos sociais, tudo o mais caindo na categoria genérica de atividades de sobrevivência, algo como uma "viração" que, a rigor, caracteriza o "pobre", mas não o trabalhador.[7] É o caso também, sobretudo entre as mulheres e os mais jovens, que, depois de perderem seus empregos, se integram em um mercado local estruturado entre relações de vizinhança e a sociabilidade doméstica, desempenhando atividades que, mesmo

---

[7] Essa é questão que aparece no "diário de campo" de qualquer entrevistador que tente a quase impossível tarefa de tipificar e categorizar situações ocupacionais; é mais do que frequente situações em que o entrevistado se declare desempregado ou simplesmente desocupado, apesar de estar trabalhando por meses seguidos, por exemplo na construção civil. Mesmo quando isso lhes garante ganhos regulares, essas atividades são considerados "bicos", "viração", no que também se expressa um misto de desgosto e humilhação pelo exercício de atividades especialmente desvalorizadas e que degradam qualificação eventualmente conseguida ou experiência acumulada em trajetórias ocupacionais passadas.

Trabalho e formas de vida

quando vinculadas a circuitos produtivos organizados, aparecem como extensão das funções domésticas de sobrevivência, no que se neutralizam, assim como na situação acima descrita, iniquidades e injustiças pela própria ausência de uma medida pela qual possam ser apreendidas e formuladas (Telles, 1994). E ainda, uma combinação de estratégias ocupacionais e práticas empresariais nas quais há uma transgressão consentida das normas legais, em particular o registro em carteira de trabalho, em troca de um emprego "garantido", no que se tem, na interpretação de Lautier (1993), uma deslegitimação da própria noção de direito.

BLOQUEIOS À UNIVERSALIZAÇÃO DE DIREITOS

Se a precarização do mercado de trabalho, tendência que se vem acentuando nos últimos anos, significa fragmentação de identidades e perda de referências coletivas, isso não tem tanto a ver com heterogeneidade ou segmentação do mercado de trabalho, e sim com a ausência de *direitos*, essa *medida de equivalência* que articula diferenças pela mediação de *referências comuns*, que fundam modos de mútuo e auto-reconhecimento. E essa é questão que figura com especial importância num momento em que a perda de vigência das formas estatais de regulação das relações de trabalho vem dando lugar à chamada flexibilização das normas trabalhistas. Na avaliação de juristas, é uma proposta — e já realidade nas práticas crescentes de terceirização (Dieese, 1993) — que, restringindo direitos ao invés de ampliá-los, nega, por isso mesmo, o caráter público que deveriam conter e elide a questão da justiça pela via de uma regulamentação do trabalho inteiramente submetida aos critérios da racionalidade instrumental do mercado (Carvalho, 1993; Fraga, 1993).

Se é verdade que o ciclo histórico regido pela regulação estatal das relações de trabalho está se esgotando, o problema todo está no fato de que a tradição cobra seus tributos em uma expe-

104 Pobreza e cidadania

riência de lei e cidadania que não contém, em seu interior, um princípio de generalização e universalização de direitos. E é essa tradição que pode, de alguma forma, ser reatualizada ou mesmo reinventada nos dias que correm. A segmentação, estratificação ou hierarquização de direitos, modelando-se conforme as diferenças internas ao mercado e ao poder de fogo dos segmentos mais organizados, pode recriar e levar ao paroxismo a segmentação entre trabalho e pobreza. Nessa espécie de reedição do critério meritocrático para a atribuição de direitos, sobrepõe-se aos vínculos precários com o mercado de trabalho (e a degradação de condições de vida que isso implica) uma desvalorização que estigmatiza os que se apresentam sem os credenciamentos reconhecidos para as garantias e prerrogativas que o acesso aos direitos exige. Também se dá uma exclusão pela destituição desse reconhecimento e legitimação, que se processa na trama organizada da representação e negociação.

Não se trata aqui de reeditar a ficção jurídica do direito estatal que confunde sua efetividade com o ato de sua proclamação e que, sobretudo, converte a heterogeneidade da vida social em uma juridicidade abstrata e niveladora apresentada como universalidade. A sociologia do direito vem mostrando a juridicidade própria de cada contexto societário, numa combinação variada de direito formal e informal, código civil e códigos costumeiros, numa "cartografia de direitos" (Santos, 1991) de escalas variadas, em que se combinam, de formas diversas, os princípios gerais do direito estatal e os princípios particulares, regidos pela racionalidade substantiva local. Isso é importante para descartar, de imediato, a hipótese de uma desordem ou anomia social pela ausência de uma norma estatal capaz de ordenar e regular a vida social. O problema está em outro lugar e diz respeito a uma história e a uma tradição que não abrem lugar para o indivíduo se reconhecer como cidadão. E obstrui, por isso mesmo, uma intersubjetividade, ou, como propõe Boaventura dos Santos, uma interlegalidade, que articula contextos societários diversos por referência a valores publicamente reconhecidos dos direitos básicos de sujeitos individuais e coletivos (Santos, 1991). Essa referência de uma igualdade prometida a todos, que alimenta a crença na capacidade da lei e da justiça em dirimir conflitos, impor limites ao arbítrio das vontades privadas e garantir as reciprocidades que a noção de igualdade supõe, é o que não se constitui na sociedade brasileira.

UMA ORDEM DE VIDA PRIVATIZADA

Mas é aqui também que se esclarece o drama desses trabalhadores que transitam o tempo todo pelo mercado de trabalho, tangenciando o formal e o informal, o emprego e o desemprego, o trabalho e o não-trabalho. Sem garantias que os constituam como trabalhadores, fora ou no limiar da trama representativa que constrói identidades reconhecíveis, ficam, a rigor, sem lugar na sociedade: não se constituem plenamente como trabalhadores, não são cidadãos e não se singularizam como sujeitos de direitos. Seria possível argumentar que, apesar de representarem parcela ponderável — e crescente nesses anos de recessão — da população trabalhadora, estão longe de ser a maioria, ao menos em uma cidade como São Paulo, caracterizada por um mercado estruturado no qual o vínculo formal de trabalho (ainda) predomina. Porém, se a referência a esses trabalhadores interessa é porque, no seu paroxismo, põe em foco a dinâmica de uma sociedade que, no limite, joga maiorias em uma espécie de estado de natureza, não porque no mundo em que transitam não existam regras e normas de convivência, mas porque esse estado de natureza diz respeito a um mundo social no qual direitos não existem como regra de sociabilidade; um mundo no qual a justiça não existe como instância conhecida e reconhecida em sua capacidade de dirimir conflitos e garantir direitos nas circunstâncias de quebra das regras da equidade; um mundo social no qual a lei não existe como referência a partir da qual sofrimentos cotidianos podem ser traduzidos (e desprivatizados) na linguagem pública da igualdade e da justiça.

E talvez agora tenhamos uma chave para compreender as relações entre trabalho e pobreza. Pois, nos termos desse contrato social excludente, que, a rigor, não se constitui plenamente, a sobrevivência cotidiana depende inteiramente dos recursos materiais, das energias morais e das solidariedades que cada um é capaz de mobilizar e que se organizam em torno de princípios inteiramente projetados da vida privada, com suas lealdades e fidelidades pessoais, com seus vínculos afetivos e sua teia multifacetada de identificações e sociabilidade.

E a partir disso podemos determinar toda a importância que a família, ainda hoje, ocupa nas formas de vida das classes trabalhadoras no Brasil. É em torno dela que homens e mulheres constroem uma ordem plausível de vida: é o espaço que viabiliza a sobrevivência cotidiana pelo esforço coletivo de todos os seus membros; é o espaço no qual constroem os sinais de uma respeitabilidade que neutraliza o estigma da pobreza; é o espaço, ainda, no qual elaboram um sentido de dignidade que compensa moralmente as adversidades impostas pelos baixos salários, pelo trabalho instável e pelo desemprego periódico. No ponto em que os imperativos da sobrevivência se encontram com as regras culturais que organizam modos de vida, estrutura-se um universo moral que faz da família uma garantia ética num mundo em que tudo parece ameaçar as possibilidades de uma vida digna. A valorização da "família unida", tão presente no universo popular, pode ser tomada como indicação nesse sentido. O material etnográfico hoje disponível mostra que a casa limpa e bem cuidada, atributos associados a uma família organizada em suas hierarquias internas, constroem as referências tangíveis a partir das quais homens e mulheres se reconhecem como sujeitos morais, capazes de fazer frente às adversidades da vida e, "apesar da pobreza", garantir dignidade e respeitabilidade, que os diferenciem moralmente dos que foram pegos pela "maldição da pobreza", que sucumbiram diante dos azares do destino, que vivem à deriva dos acasos da vida, sem

Trabalho e formas de vida 107

conseguir estruturar suas vidas em torno do trabalho regular e da família organizada.[8]

Essa importância da família como ordem de vida coloca algumas questões a serem discutidas; sabemos que os imperativos da sobrevivência acabam por mobilizar todos os membros familiares para o mercado de trabalho. Isso pode parecer uma obviedade, tal a evidência dos fatos, comprovada, aliás, por inúmeras pesquisas. Mas há nisso mais do que simples trivialidade, pois na ausência de direitos que garantam poder de barganha no mercado, ou seja, salários decentes e garantias de emprego; na ausência de políticas sociais que garantam não só a sobrevivência nas situações de desemprego, mas também de doença, de invalidez ou velhice, nessas circunstâncias, todos — homens e mulheres, adultos, velhos e crianças — são virtualmente transformados em população ativa. É certo que para a entrada no mercado de trabalho não há a compulsão cega e muda das necessidades. Além dos limites próprios do ciclo vital de cada um, atuam disposições normativas, normas culturais e valores morais que definem a disponibilidade de cada um para o mercado. Seja como for, as circunstâncias da sobrevivência mobilizam a família como coletivo, sem que haja regras que definam as condições de entrada e saída no mercado de trabalho. Os únicos limites são dados por essa esfera em que natureza e cultura se encontram na constituição da família como espaço de sobrevivência, mas também de sociabilidade e construção de identidades. Limites, portanto, fora de um espaço propriamente civil, espaço construído pelo "artifício humano", que são as leis e os direitos que regem — ou deveriam reger — a vida social, fornecendo ao mesmo tempo os parâmetros e a medida com base nos quais situações de vida e trabalho possam ser problematizadas e julgadas nas suas exigências de equidade.

Por outro lado, se a sobrevivência depende de um empreendimento coletivo, é essa importância da família que explicita o

---

[8] Tratei dessas questões em Telles, 1990.

frágil equilíbrio em que estão estruturadas as condições da vida familiar. Qualquer "acaso", como o desemprego, a doença, a invalidez ou a morte dos provedores principais, pode jogar as famílias nas fronteiras da pobreza ou mesmo da miséria. Para colocar a questão em um registro mais geral, as condições vigentes no mercado (e na sociedade) acabam por desfazer — real ou virtualmente — a eficácia possível das estratégias familiares, de tal modo que os riscos de pauperização ou mesmo de miséria definem o horizonte mais do que provável de parcelas majoritárias das famílias trabalhadoras. É isso que permite dizer que a questão da pobreza não diz respeito apenas aos miseráveis, estes que já estão abaixo da linha da pobreza. Diz respeito à precariedade inscrita nas formas de vida das famílias trabalhadoras. Essa precariedade significa, concretamente, que a pauperização está no horizonte de parte considerável dessas famílias,[9] e nela estão inscritas as regras excludentes que estruturam a vida social e é ela que dá a medida da ordem das desigualdades e exclusões próprias da sociedade brasileira. É isso sobretudo que permite dizer que a insegurança é elemento definidor de suas formas de vida. Mais ainda: é elemento que estrutura uma experiência que transcorre numa liminaridade entre a ordem moral construída nos espaços privados da família e essa desordem que o mercado instaura — ou ameaça instaurar — o tempo todo em suas vidas. Experiência de insegurança e, sobretudo, de liminaridade que fica, no entanto, sem palavras para ser nomeada fora de um sentido de destino construído na dimensão privada da ordem social.[10]

Impossível deixar de comentar que se existe alguma relação entre pobreza e criminalidade, esta relação está configurada em uma sociedade que rompe, o tempo todo, com o que se poderia

---

[9] Com base em dados estatísticos e material etnográfico, essas questões foram tratadas por mim em Telles, 1994b, 1994c.

[10] Com base em dados estatísticos e material etnográfico, essas questões foram tratadas por mim em Telles, 1994b, 1994c.

Trabalho e formas de vida

chamar, talvez com alguma imprecisão, de pacto social implícito, que constrói um sentido de pertinência e dá uma medida de plausibilidade à vida em sociedade. Essa é uma questão que se põe abertamente para os mais jovens, que se lançam no mercado de trabalho sem encontrar muitas alternativas além do trabalho desqualificado, instável e precário, que são duramente atingidos pelo desemprego, que são vistos com suspeita e são alvo privilegiado da violência policial. As pesquisas mostram, de fato, que é nessa difícil passagem para a maioridade que a delinquência surge no horizonte desses jovens que não enxergam muitas possibilidades de organizar suas vidas em torno de um trabalho promissor e para os quais, ainda, a família está longe de se constituir nessa espécie de recompensa moral aos "tempos difíceis".[11] No interior da família, a ambivalência inscrita na trajetória desses jovens transparece por inteiro no temor que homens e mulheres manifestam quanto ao desemprego e subemprego de seus filhos, situações percebidas como fonte de ameaça de desestruturação de um projeto de vida que se organiza quase que exclusivamente nessa frágil — e difícil — relação entre trabalho e família (Telles, 1990).

Nesses tempos em que uma crise devastadora destrói projetos, desorganiza formas de vida e parece destituir o futuro de qualquer significado positivo, não deveriam, portanto, causar estranheza o aumento perturbador da criminalidade e da delinquência juvenil, o crescimento igualmente perturbador de práticas de justiça privada, de preconceitos e racismos, bem como a conivência com o autoritarismo político ou mesmo com a violência policial. Antes de creditar tudo isso a um suposto atraso político ou a uma igualmente suposta patologia inerente à pobreza, seria possível dizer que são consequências da não cidadania. Ou seja: a ausência de espaços de reconhecimento e de vínculos propriamente civis se traduz na dificuldade de formular os dramas cotidianos, individuais e coletivos, na linguagem pública dos direitos, como exi-

---

[11] A respeito, ver Zaluar, 1985.

gência coletiva que cobra da sociedade suas responsabilidades nas circunstâncias que afetam suas vidas. Na ausência da lei, dos direitos e da justiça como referências ordenadoras da vida social, as dificuldades da convivência cotidiana tendem a ser equacionadas inteiramente no interior dos códigos morais da vida privada. As circunstâncias de uma crise que desorganiza formas de vida, desestrutura projetos de vida e obstrui perspectivas de futuro, trazem à tona, em negativo, o substrato mesmo da prática de direitos, como regra de reciprocidade, isso que Marcel Mauss descobriu nas sociedades não modernas e projetou para a história da humanidade. Reciprocidade que se realiza nos rituais cotidianos da civilidade e das trocas simbólicas, que constrói o sentido de pertencimento e a noção de um mundo que vale a pena ser vivido. Um mundo, no entanto, que transcorre em terreno frágil, porque está sujeito ao imponderável e também a circunstâncias e conflitos que desestabilizam consensos, subvertem os termos desse pacto social implícito de que se alimenta a sociabilidade cotidiana e abrem lugar para a violência. Mais do que o problema do crime organizado, que responde a uma ordem de causalidades mais complexa do que a discutida aqui, penso na "violência costumeira", que vem aumentando nos bairros mais pauperizados da cidade, uma violência intrapares, em torno do que é tipificado nos processos criminais como "motivos fúteis" suscitados entre litígios e desavenças cotidianas. Se a violência pode ser vista no registro de uma desordem, esta não está propriamente no universo popular, mas em uma crise misturada com uma modernização selvagem que destrói o sentido de mundo plausível de ser vivido.

Questões como essas mostram, na verdade, que direitos, leis e cidadania dizem respeito a algo mais do que às regras formais garantidas por governo e instituições. Inscrevem-se, por inteiro, nos modos de existência, nas formas de vida e nas regras de sociabilidade, no modo como identidades são construídas e como são percebidos os lugares simbólicos de pertinência na vida social. É por esse ângulo que se fazem notar os efeitos dessa peculiar experiência de cicadania que não generaliza direitos, que não chega a plasmar as regras da civilidade e os termos de identidades cidadãs. Mas é prec so que se diga, também, que é por esse ângulo que se pode identificar o ineditismo das lutas sociais recentes, ineditismo pelo que rompem ou prometem romper com o peso dessa tradição, montando referências identificatórias e construindo uma teia representat va pela qual circulam reivindicações e pela qual homens e mulheres podem virtualmente reconhecer-se, para usar os termos de Hannah Arendt, no seu direito a ter direitos. É por esse ângulo, enfim, que a sociedade brasileira contemporânea se abre à percepção de todas as suas ambivalências, numa promessa de modernidade capaz de redefinir direitos, leis e justiça como parâmetros nas relações sociais e que convive, numa combinação por vezes desconcertante, com violência e autoritarismo, com exclusões e discriminações, que carregam o peso de toda uma história. Seja como for, é na própria dinâmica da sociedade, dinâmica esta feita na intersecção entre lei e cultura, norma e tradições, que se circunscreve a experiência do trabalho e da pobreza. E é nessa dinâmica que se aloja o desafio de construir uma sociedade capaz de enraizar a cidadania nas práticas sociais, fazendo da equidade e da justiça regra de sociabilidade e princípio de reciprocidade.

BIBLIOGRAFIA

BOURDIEU, Pierre. *La misère du monde*. Paris: Seuil, 1993.

CARVALHO, Amilton Bruno. "Flexibilização x direito alternativo". In: SOUSA JR., José Geraldo; AGUIAR, Roberto (orgs.). *Introdução crítica ao direito do trabalho*. Série "O direito achado na rua", n° 2, pp. 97-102. Brasília: Editora da UnB, 1993.

DIEESE. "Os trabalhadores frente à terceirização". *Pesquisa DIEESE*, n° 7, mai. 1993.

FALCÃO, Joaquim de Arruda. "Justiça social e justiça legal: conflitos de propriedade no Recife". Série "O direito achado na rua", n° 1. Brasília: Editora da UnB, 1987.

FAORO, Raymundo. "O plano é encolher o Brasil". *Isto É*, n° 1.164, 22/1/ 1992.

FARIA, Wilmar. "A conjuntura social brasileira: dilemas e perspectivas". *Novos Estudos CEBRAP*, São Paulo, n° 33, pp. 103-14, 1991.

FRAGA, Ricardo Carvalho. "Em defesa do poder normativo: atualidade e flexibilização". In: SOUSA JR., José Geraldo; AGUIAR, Roberto (orgs.). *Introdução crítica ao direito do trabalho*. Série "O direito achado na rua", n° 2, pp. 133-6. Brasília: Editora da UnB, 1993.

HABERMAS, Jurgen. "A nova instransparência". *Novos Estudos CEBRAP*, n° 18, pp. 103-14, set. 1987.

HUMPHREY, John. *Are the unemployed part of the urban poverty problem?* Mimeo, 1993.

LECHNER, Norbert. "A modernidade e a modernização são compatíveis? O desafio da democracia latinoamericana". *Lua Nova*, Revista de Cultura e Política, CEDEC, n° 21, pp. 73-86, set. 1990.

O'DONNEL, Guilhermo. "Sobre o Estado, a democratização e alguns problemas conceituais". *Novos Estudos CEBRAP*, n° 36, pp. 123-46, jul. 1993.

OFFE, Claus. "A democracia contra o Estado do bem-estar social?" In: *O capitalismo desorganizado*. São Paulo: Brasiliense, 1989.

OLIVEIRA, Francisco de. "Medusa ou as classes médias e a consolidação democrática". In: REIS, W. S.; O'DONNEL, G. *A democracia no Brasil: dilemas e perspectivas*. São Paulo: Vértice, 1988.

_____. *O elo perdido: classe e identidade de classe*. São Paulo: Brasiliense, 1987.

_____. "Quanto melhor, melhor: o acordo das montadoras". *Novos Estudos CEBRAP*, n° 36, pp. 3-8, jul. 1993.

PAOLI, Maria Célia. "Trabalhadores e cidadania: experiência do mundo público da história no Brasil moderno". *Revista de Estudos Avançados da USP*, vol. 3, n° 7, pp. 40-66, 1989.

_____. "Citizenship, inequalities, democracy and rights: the making of a public space in Brazil". *Social & Legal Studies*, n° 1, pp. 143-59, 1992.

PNAD. *Trabalho no Brasil: Região Metropolitana de São Paulo*. Rio de Janeiro: IBGE, 1992.

Trabalho e formas de vida

RIBEIRO, Luiz Queiroz; SANTOS JR., Orlando Alves. "Desigualdade e exclusão". *Teoria e Debate*, São Paulo, n° 20, pp. 61-5, fev./abr. 1993.

SALAIS, Robert *et al.* *L'invention du chômage: histoire et transformations d'une catégorie en France des années 1890 aux années 1980*. Paris: PUF, 1986.

SANTOS, Boaventura de Sousa. "Estado e o direito na transição pós-moderna: para um novo senso comum". *Humanidades*, vol. 7, n° 3, pp. 268-82, 1991.

SANTOS, Wanderley Guilherme. "Fronteiras do Estado mínimo: indicações sobre o híbrido institucional brasileiro". In: *Razões da desordem*. Rio de Janeiro: Rocco, 1993.

SILVA, Ana Amélia. *Reforma urbana e o direito à cidade*. Série "Publicações", n° 1. São Paulo: Pólis, 1991.

TELLES, Vera da Silva. "A pobreza como condição de vida: família, trabalho e direitos entre as classes trabalhadoras urbanas". *São Paulo em Perspectiva*, São Paulo, Fundação Seade, vol. 4, n° 2, pp. 37-45, abr./ jun. 1990.

_____. "Sociedade civil e os caminhos (incertos) da cidadania". *São Paulo em Perspectiva*, São Paulo, Fundação Seade, vol. 8, n° 2, pp. 7-15, abr./jun. 1994a.

_____. "Família e trabalho: precariedade e pauperismo na Grande São Paulo". *Revista Brasileira de Estudos da População*, vol. 11, n° 2, pp. 187-224, jul./dez. 1994b.

_____. "A experiência da insegurança: trabalho e família nas classes trabalhadoras urbanas em São Paulo". *Tempo Social — Revista de Sociologia da USP*, vol. 4, n° 1-2, pp. 53-95, 1° semestre, 1994c.

TROYANO, Annez Andraus. "Flexibilidade do emprego assalariado". *São Paulo em Perspectiva*, São Paulo, Fundação Seade, vol. 5, n° 2, pp. 84-95, abr./jun. 1991.

ZALUAR, Alba. *A máquina e a revolta: as organizações populares e o significado da pobreza*. São Paulo: Brasiliense, 1985.

4.
QUESTÃO SOCIAL:
AFINAL, DO QUE SE TRATA?

A pergunta do título não é retórica, tampouco, trivial, pois a questão social não se reduz ao reconhecimento da realidade bruta da pobreza e da miséria. Para colocar nos termos de Castel (1995), a questão social é a aporia das sociedades modernas que põe em foco a disjunção, sempre renovada, entre a lógica do mercado e a dinâmica societária, entre a exigência ética dos direitos e os imperativos de eficácia da economia, entre a ordem legal que promete igualdade e a realidade das desigualdades e exclusões tramadas nas relações de poder e dominação. Aporia que, nos tempos que correm, diz respeito também à disjunção entre as esperanças de um mundo que valha a pena ser vivido inscritas nas reivindicações por direitos e o bloqueio de perspectivas de futuro para maiorias atingidas por uma modernização selvagem que desestrutura formas de vida e faz da vulnerabilidade e precariedade uma forma de existência que tende a se cristalizar como único destino possível.

Vista nessa perspectiva, a questão social é o ângulo pelo qual as sociedades podem ser descritas, lidas, problematizadas em sua história, seus dilemas e perspectivas de futuro. Discutir a questão social significa um modo de problematizar alguns dos dilemas cruciais do cenário contemporâneo: a crise dos modelos conhecidos de *Welfare State* (modelo nunca realizado no Brasil, é bom lembrar), que reabre o problema da justiça social, redefine o papel do Estado e o sentido mesmo da responsabilidade pública; as novas clivagens e diferenciações produzidas pela reestruturação produtiva e que desafiam a agenda clássica de universalização de

Questão social: afinal, do que se trata?   115

direitos; o esgotamento do chamado modo fordista de regulação do mercado de trabalho e que, nas figuras atuais do desemprego e trabalho precário, está a indicar uma redefinição do lugar do trabalho (não a perda de sua centralidade, como se diz correntemente) na dinâmica societária, afetando sociabilidades, identidades, modos de existência e também formas de representação. Seria possível dizer que, nessa encruzilhada de alternativas incertas em que estamos mergulhados, as mudanças em curso (no Brasil e no mundo) fazem vir à tona a dimensão dilemática envolvida na questão social. Com o esgotamento dos modelos conhecidos de Proteção Social e regulação do trabalho, é como se estivessem sendo reativados os sentidos das aporias, contradições, tensões e conflitos que estiveram na origem dessa história. Essa é uma primeira questão que gostaria de enfatizar. Nesses tempos, em que um determinismo econômico e tecnológico está mais do que nunca revigorado, ganhando espaço até mesmo entre os analistas mais críticos, seria preciso se desvencilhar do fetiche dos modelos e reativar o sentido político corporificado em armaduras institucionais nas quais se estabeleceram as mediações entre o mundo do trabalho e a cidadania. Sentido político ancorado na temporalidade própria dos conflitos pelos quais trabalhadores se destacaram e ao mesmo tempo dissolveram o mundo indiferenciado da pobreza na qual estavam mergulhados, constituíram-se como atores coletivos, ganharam a cena pública e disputaram e negociaram os termos de sua participação na vida social.

Sabemos que agora os tempos são outros, que as conquistas sociais alcançadas estão sendo devastadas pela avalanche neoliberal no mundo inteiro, que a destituição dos direitos também significa a erosão das mediações políticas entre o mundo do trabalho e as esferas públicas; que estas por isso mesmo se descaracterizam como esferas de explicitação de conflitos e dissensos, de representação e negociação (coisa, aliás, que não acontece de repente, mas que carrega as complicações históricas dos últimos tempos); e que é por via dessa destituição e dessa erosão dos direitos e das esferas de representação que se ergue esse consenso, que, nos dias que correm, ganha corações e mentes, de que o mercado é o único e exclusivo princípio estruturador da sociedade e da política, que diante de seus imperativos nada há a fazer a não ser a administração técnica de suas exigências, que a sociedade deve a ele se ajustar e que os indivíduos, agora desvencilhados das proteções tutelares dos direitos, podem finalmente provar suas energias e capacidades empreendedoras.

Sabemos também que, no caso brasileiro, os caminhos historicamente percorridos estão a mil anos luz de distância disso que se convencionou chamar, nos países europeus, de "Trinta Gloriosos Anos"; que a reestruturação produtiva em curso e os arranjos neoliberais hoje propostos incidem sobre uma base histórica muito distinta da *societé salariale* de que fala Castel ao descrever as dimensões societárias e políticas do chamado modo de regulação fordista ou, em outras formulações teóricas, modo de regulação social-democrata. Mas se a história passada importa não é tanto para comparar modelos e lamentar (mais uma vez) a nossa tragédia social. Se essa história pode nos ensinar algo é porque nos permite ver que, em torno da questão social, essa aporia das sociedades modernas, arma-se (ou melhor: armou-se historicamente) uma cena política na qual atores coletivos em conflito negociaram os termos do contrato social.

Como diz Ewald (1985), mais do que uma ficção jurídica e um constructo teórico, o contrato é a metáfora pela qual, na nossa tradição política (ocidental), se pensa a natureza e o conteúdo das obrigações sociais. E, se o direito é a linguagem pela qual a metáfora do contrato se expressa, o que está em jogo na sua formulação é um certo modo de problematizar e julgar os dramas da existência nas suas exigências de equidade e justiça, de tipificar a ordem de suas causalidades e definir as responsabilidades envolvidas. E é isso propriamente que arma uma cena política na qual os critérios universais da cidadania se singularizam, no registro do conflito e do dissenso, em torno de uma negociação sempre difícil e sempre renovada quanto à medida de igualdade e à regra de justiça que devem prevalecer nas relações sociais. Talvez seja

Questão social: afinal, do que se trata? 117

nessa chave que possamos, para além da denúncia indignada da barbárie atual, avaliar o sentido devastador da desmontagem das esferas públicas de ação e representação, pela obstrução que isso significa da elaboração das desigualdades e diferenças nas formas de alteridades políticas, de "sujeitos falantes", como define Rancière em livro recente, que se pronunciam sobre o justo e o injusto, e negociam as regras da vida em sociedade.

É por referência a essas questões que a pergunta inicial pode ser refeita na indagação sobre o lugar da questão social no cenário político brasileiro. Se a pobreza brasileira é (e sempre foi) espantosa e só vem aumentando sob o efeito conjugado de recessão econômica, reestruturação produtiva e desmantelamento dos serviços públicos, o que impressiona é o modo como é figurada — como problema que não diz respeito aos parâmetros que regem a vida em sociedade e que não põe em questão as regras de equidade e justiça nas relações sociais. Hoje, no Brasil, nossa velha e persistente pobreza ganha contemporaneidade e ares de modernidade por conta dos novos excluídos pela reestruturação produtiva. Mas não só por isso: lançando mão dessa ficção regressiva do mercado autorregulável, que Polanyi tão bem criticou, nossas elites podem ficar satisfeitas com sua "modernidade" e dizer, candidamente, que a pobreza é lamentável, porém inevitável, dados os imperativos da modernização tecnológica em uma economia globalizada. Entre os "resíduos" do atraso de tempos passados e as determinações da moderna economia integrada nos circuitos globalizados do mercado, a pobreza é projetada para fora de uma esfera propriamente política de deliberação, já que pertinente às supostas leis inescapáveis da economia.

Se a questão social é a aporia das sociedades modernas, é ela que nos dá uma chave para compreender essa espécie de esquizofrenia de que padece a sociedade brasileira, nas imagens fraturadas de si própria, entre a de uma "sociedade organizada" que promete modernidade e seu retrato em negativo feito de anomia, violência e atraso; entre a celebração das virtudes modernizadoras do mercado e dessa espécie de *ethos* empreendedor que promete

118   Pobreza e cidadania

nos tirar para sempre da tacanhice própria dos países periféricos e o "social" projetado em uma esfera que escapa à ação responsável, porque inteiramente dependente dessa versão moderna das leis da natureza hoje associadas à economia e seus imperativos de crescimento. Essa fratura traduz na verdade os aspectos mais dilemáticos da sociedade brasileira, e é o que vem se expressando nas propostas em pauta de reforma da Previdência Social. Além de fragilizar a situação social (já precária) dos trabalhadores do mercado formal de trabalho, não promete mais do que sacramentar a exclusão de uma maioria que, desde sempre, esteve fora de qualquer sistema de proteção social — em 1990, estimava-se que, entre o desemprego e o trabalho precário no mercado informal, cerca de 52% da população ativa estava desprovida de qualquer garantia e proteção social (PNAD, 1990), formidável contingente de trabalhadores que vem sendo acrescido, nos últimos anos, de novos excluídos do mercado de trabalho por conta do efeito conjugado de crise econômica e reestruturação produtiva. Fora dessa espécie de direito contratual que articula trabalho e proteção social, é uma população excluída não apenas dos benefícios sociais, mas também da cena política. A controvérsia que tanto agitou o início de 1996 sobre a questão é emblemática nesse sentido. As conturbadas negociações entre centrais sindicais e governo em torno da reforma da Previdência tiveram ao menos o mérito de encenar o (não)lugar da questão social no cenário público brasileiro. Pois, entre os argumentos cruzados a propósito dos critérios de acesso aos benefícios sociais (tempo de serviço *versus* tempo de contribuição) armou-se uma cena política na qual os termos da negociação explicitavam exatamente essa fratura entre o que conta e é levado em conta, como questão que diz respeito à deliberação e ação, e o que está fora de um campo possível de intervenção. Fora das arenas organizadas da economia e da vida social, o destino dessa gente parece, de uma vez por todas, estar na dependência das promessas redentoras de um mercado capaz de absorver os que para tanto tiverem competência e habilidade. Ou, então, das práticas (renovadas) da filantropia pú-

Questão social: afinal, do que se trata?   119

blica e privada para atender aqueles que, deserdados da sorte e incompetentes para exercer suas virtudes empreendedoras no mercado, estão fora do contrato social.

Sabemos que tudo isso respira os ares desses tempos de neoliberalismo vitorioso, traduz a "ambiência social conservadora" (Oliveira, 1995) na qual as mudanças em curso estão sendo conduzidas e reatualiza uma pesada tradição de desigualdades e exclusões. Mas ainda precisamos entender melhor a dinâmica societária a partir da qual se estabelecem os parâmetros em torno dos quais a cena política se arma. Pois é uma cena política que expressa e ao mesmo tempo duplica uma gramática social muito excludente que joga muitos fora do poder de interpelação de sindicatos, partidos e associações de classe. E esse é, poderíamos dizer, o ponto cego da recente democracia brasileira: uma sociedade civil restrita ou truncada, na qual as práticas de representação e negociação se generalizam com dificuldades para além dos grupos mais organizados, jogando muitos, definitiva ou intermitentemente, numa situação em que não há medidas pelas quais necessidades e interesses possam ser formulados nos termos dos direitos, tornando factível a representação, negociação e interlocução em espaços legitimados de conflito.

Essa é uma situação que parece corresponder ao que Wanderley Guilherme dos Santos (1993) define como "confinamento regulatório da cidadania". Mas ao contrário da suposição corrente de uma sociedade dualizada entre "organizados" e "não organizados", essa fratura não corresponde a dois mundos dicotômicos, um avesso ao outro, pois é algo que se instaura no interior mesmo da sociedade organizada, por conta do modo como esse universo legal e institucional se organiza. Instituição que articula o mundo do trabalho com o universo público da cidadania, são os termos pelos quais essa articulação se faz que podem nos fornecer uma chave para elucidar algo da lógica das exclusões.

De um lado, às avessas dos critérios universalistas da cidadania, trata-se de direitos que, indexados ao trabalho regular, contêm em sua própria definição o princípio que exclui um for-

120 Pobreza e cidadania

midável e hoje crescente contingente de trabalhadores que transitam entre o desemprego e as várias formas de trabalho precário no assim chamado mercado informal, que não têm acesso às garantias sociais e estão fora das arenas de representação sindical. De outro lado, e no que diz respeito ao mercado formal, os direitos trabalhistas se institucionalizaram como peça de um ordenamento jurídico, mas não se instituíram como valor, prática e referência normativa nas relações sociais, de tal modo que puderam conviver tão bem, ao longo da história, com um padrão autoritário e despótico de organização do processo produtivo e o uso espoliativo da força de trabalho. Nesse caso, o que se especifica é um modo de regulação das relações de trabalho subtraídas das formas de representação (fabril e sindical), obstruindo o processo que Le Goff (1985) descreve — "do silêncio à palavra" — de constituição dos grupos operários como atores coletivos portadores de uma palavra que desprivatiza a realidade fabril e titulares de direitos reconhecidos (e conquistados) como parâmetros de uma regulação democrática das relações de trabalho, mediada pelas categorias universais da cidadania. Se isso significa muito concretamente condições espoliativas de trabalho e a burla rotineira das normas contratuais, é nas práticas recorrentes de demissão que essa esfera organizada do trabalho se encontra com a outra ponta pela qual se faz presente, ainda viva, o peso de um tradição regulatória, autoritária e excludente, mais de cinquenta anos após sua implementação.

Talvez aqui se aloje o aparente paradoxo de uma tradição de organização do trabalho, burocrática e monológica, regida por uma espécie de fúria regulatória sobre a realidade fabril (Paoli, 1994), mas que desorganiza o tempo todo o mundo do trabalho, por via de reiterada obstrução das mediações pelas quais o vínculo do trabalho pode se estabelecer — mediações que não estão na ordem de uma suposta compulsão cega das leis do mercado, mas que são construções e artifícios civis, jurídicos, políticos que definem os limites sem os quais o mercado segue implacável na sua lógica predatória e espoliativa. Para retomar os termos da dis-

Questão social: afinal, do que se trata?

cussão do início desse artigo, é aqui que se abrem as aporias das sociedades modernas. E para colocar de modo menos metafórico e mais colado na dura realidade da lógica do mercado capitalista, é aqui que se definem as dimensões societárias e políticas do mercado de trabalho — questão discutida por Polanyi quando desmonta a ficção de mercado autorregulável e que é retomada em outra chave teórica por Claus Offe (1989) ao mostrar que sem a mediação dos direitos (e das políticas sociais) o mercado de trabalho no limite não se constitui, já que é devorado pelas contradições da dinâmica capitalista. O trabalhador, diz Offe, só se transforma em força de trabalho quando se constitui como cidadão. A situação brasileira é o retrato em negativo do "mercado organizado". E as figuras da exclusão que aí se processa, são as "classes inacabadas".

É certo que esse padrão de regulação estatal do mercado de trabalho está perdendo vigência. É certo também — se bem que muitas vezes esquecido — que esse esgotamento se iniciou muito antes da atual avalanche neoliberal, por conta da presença de um sindicalismo atuante que, desde os anos 80, vem acenando com a possibilidade de uma regulação democrática das relações de trabalho, por via de práticas de negociação que retiram do Estado o até então exclusivo poder de arbitragem e definição das normas trabalhistas (Paoli, 1994). Mas também é verdade que a tradição excludente na qual se ancora essa regulação estatal é hoje reatualizada e revigorada nas propostas em pauta de desregulamentação do trabalho. E é uma tradição que se mantém operante e que cobra seus tributos em um mercado que ao mesmo tempo em que gera desigualdades e pobreza crescentes, obstrui as possibilidades de generalização de direitos, problema antigo e persistente e que hoje ganha configurações inéditas por conta das novas clivagens, diferenciações e segmentações produzidas pela reestruturação produtiva em curso.

MERCADO DE TRABALHO: EROSÃO
DE DIREITOS E FRAGMENTAÇÃO SOCIAL

É sob esse ângulo, das difíceis e, hoje em dia mais do que nunca, dilemáticas relações entre o mundo do trabalho e a cidadania, que gostaria de discutir algumas questões pertinentes a um mercado que é e sempre foi, para colocar nos termos correntes da discussão, um mercado flexível. O que se segue toma como referência algumas evidências do que vem ocorrendo no mercado de trabalho na Região Metropolitana de São Paulo, com base em dados da Pesquisa Emprego e Desemprego do Seade.

Começando com o que me parece praticamente definidor da dinâmica de um mercado no qual estão ausentes os direitos como parâmetros reguladores das relações de trabalho: esse mercado flexível transparece na espantosa instabilidade ocupacional que atinge parcelas majoritárias da população ativa. O tempo de permanência no emprego pode ser tomado como indicador disso. Em 1994, na Região Metropolitana de São Paulo, considerando apenas o mercado privado, praticamente metade da população ocupada estava em seus empregos há menos de dois anos (48,5%), sendo expressivos 35% há menos de um ano (Tabela 1). É preciso desde logo lembrar que esses dados ocultam enormes diferenciações e clivagens internas ao mercado de trabalho: a precariedade intrínseca à própria atividade dos trabalhadores autônomos muito frequentemente montada em uma extraordinária improvisação para mobilizar recursos e aproveitar oportunidades (sempre incertas, sempre descontínuas) no mercado; a trama das várias ilegalidades em meio a qual se estruturam os segmentos do mercado no qual transitam os trabalhadores sem carteira de trabalho; as práticas recorrentes de demissão no núcleo organizado da economia, que atingem sobretudo o pessoal mais desqualificado e que permanece, mesmo nas empresas mais modernas e hoje em processo de reestruturação, sujeito às formas antigas ou renovadas do velho e conhecido fordismo. É certo também que esses dados não dão conta da precarização que hoje se instala no núcleo duro da econo-

Questão social: afinal, do que se trata?   123

TABELA 1
Distribuição dos ocupados segundo
tempo de permanência no emprego atual.
Região Metropolitana de São Paulo — 1990-94

Em porcentagem

Tempo de permanência no emprego atual	1990	1991	1992	1993	1994
Até 1 ano	34,8	36,1	35,0	34,9	35,1
1 a menos de 2 anos	14,1	14,0	14,7	14,0	13,4
Subtotal	*48,9*	*50,1*	*49,7*	*48,9*	*48,5*
2 a 4 anos	22,8	21,3	21,3	22,4	21,9
5 a 9 anos	13,1	13,8	14,4	14,6	15,4
10 anos e mais	14,6	14,2	14,1	13,8	13,8
S/i	0,6	0,5	0,5	0,3	0,3
Total	100,0	100,0	100,0	100,0	100,0

Fonte: SEP, Convênio Seade-Dieese. Pesquisa de Emprego e Desemprego
— PED. Tabulações especiais da autora.

mia por conta da crescente utilização de formas variadas de contrato temporário e subcontratação. Mas esses dados indicam a ordem de grandeza dessa instabilidade que atravessa todo o mercado de trabalho e é nisso precisamente que dizem alguma coisa quanto ao padrão de funcionamento de um mercado que opera e sempre operou com base nessa extraordinária fragilidade dos vínculos de trabalho.

Pode parecer uma tautologia dizer que esses trabalhadores instáveis, com pouco tempo de permanência em seus empregos, são especialmente sujeitos ao desemprego. Afinal, o desemprego periódico é constitutivo da trajetória errática desses trabalhadores no mercado de trabalho. Mas isso deixa de ser uma trivialidade quando a referência é a grandeza que os dados indicam. Se é verdade que o desemprego dos últimos anos vem atingindo trabalhadores antes mais preservados em seus empregos, mais experientes e qualificados e por mais que o perfil da população

TABELA 2

Distribuição dos desempregados com experiência
anterior de trabalho e taxas de desemprego,
segundo o tempo de permanência no emprego anterior.
Região Metropolitana de São Paulo — 1990-94

Em porcentagem

| Tempo de permanência | Desempregados | | | |
| no emprego anterior | 1990 | | 1994 | |
	%	taxa	%	taxa
Até 1 ano	57,5	15,1	53,5	18,9
1 ano a menos de 2 anos	16,4	10,8	17,4	16,2
Subtotal	*73,9*	*13,9*	*71,0*	*18,2*
2 a 4 anos	16,4	6,7	17,9	10,6
5 a 9 anos	5,5	3,8	6,8	5,6
10 anos e mais	3,0	1,8	3,8	3,1
S/i	1,3	18,7	0,5	17,5
Total	100,0	9,1	100,0	12,4

Fonte: SEP, Convênio Seade-Dieese. Pesquisa de Emprego e Desemprego
— PED. Tabulações especiais da autora.

desempregada tenha também se alterado ultimamente, o fato é
que esses trabalhadores instáveis compõem as parcelas majoritárias da população desempregada: em 1994 a taxa de desemprego entre o pessoal com menos de 2 anos de emprego chegava
a consideráveis 18,2% contra uma média de 12,2% no conjunto dos desempregados com experiência anterior de trabalho.
Representavam, em 1994, 71% dos desempregados, sendo que
57% não chegaram a ficar um ano em seus empregos anteriores
(Tabela 2).

É essa transitividade entre o trabalho instável e o desemprego
que dá a medida da tragédia social engendrada no mercado de
trabalho: entre o desemprego e o trabalho instável, a vulnerabilidade no mercado de trabalho atingia, em 1994, cerca da metade

Questão social: afinal, do que se trata?   125

TABELA 3
Distribuição dos desempregados e do total de ocupados, por faixa etária, segundo tempo de permanência no emprego atual. Região Metropolitana de São Paulo — 1990-94

Em porcentagem

PEA	Faixa etária, em anos					Total
	10 a 14	15 a 17	18 a 24	25 a 39	40 ou +	
Desempregados	42,9	38,0	20,1	11,0	6,9	14,2
Ocupados						
Há menos de 2 anos	48,7	52	52,3	37,1	27,8	38,9
2 a 4 anos	7,9	8,9	19,3	21,5	16,3	18,5
5 a 9 anos	0,2	0,9	7,8	18,8	15,8	14,0
10 anos ou mais			0,4	11,4	32,7	14,1
S/i	0,2	0,2	0,1	0,3	0,5	0,3
Total	100,0	100,0	100,0	100,0	100,0	100,0

Fonte: SEP, Convênio Seade-Dieese. Pesquisa de Emprego e Desemprego — PED. Tabulações especiais da autora.

da população economicamente ativa. Como era de se esperar, essa é a situação que praticamente tipifica os trabalhadores com menos de dezoito anos. E chega a atingir 70% dos trabalhadores jovens, entre 18 e 24 anos, e expressivos 45% dos trabalhadores na faixa dos 25 a 39 anos (Tabela 3). É uma vulnerabilidade que atravessa todo o mercado de trabalho, inclusive o núcleo dinâmico da economia: na indústria, em 1994, entre o desemprego e o trabalho instável, essa vulnerabilidade atingia a metade da população ativa (49,9%), variando entre 43,4% nas indústrias químicas e 61,5% nas indústrias têxteis (Tabela 4).

É essa vulnerabilidade que gostaria de enfatizar. Mais do que a oposição entre mercado formal e informal, parece-me que é essa vulnerabilidade que pode nos dar uma chave para elucidar algo do modo como esse mercado opera, por via de um permanente e contínuo curto-circuito no vínculo que os trabalhadores chegam

TABELA 4

Distribuição da PEA industrial, por ramos industriais, segundo tempo de permanência no emprego atual. Região Metropolitana de São Paulo — 1994

Em porcentagem

PEA	Metal- mecâ- nica	Ramos industriais		Outras indús- trias	Total
		Quím. farm. plást.	Têxteis ves- tuário		
Desempregados	13,6	13,7	16,4	15,7	14,8
Ocupados (tempo de permanência nos empregos atuais)					
Há menos de 2 anos	30,1	29,7	45,1	37,1	35,1
2 a 4 anos	18,1	22,2	18,5	19,6	19,1
5 a 9 anos	19,9	18,1	11,9	14,6	16,5
10 anos ou mais	18,3	16,2	7,9	12,9	14,4
S/i	0,1	0,1	0,2	0,2	0,1
Total	100,0	100,0	100,0	100,0	100,0

Fonte: SEP, Convênio Seade-Dieese. Pesquisa de Emprego e Desemprego — PED. Tabulações especiais da autora.

a estabelecer no mercado. Seria possível dizer que nessa vulnerabilidade se aloja essa espécie de buraco negro que absorve, sorve e subtrai as energias políticas mobilizadas pela reivindicação de direitos e pelas práticas de representação. Traduz trajetórias de trabalho que escapam o tempo todo da trama de relações armada entre a sociabilidade do cotidiano do trabalho, as práticas da representação sindical e a armadura institucional e também jurídica por que circulam demandas de direitos, se expressam litígios e conflitos, e se definem os termos de sua possível arbitragem. É como se houvesse, no subsolo dessa institucionalidade que articula o mundo do trabalho com o universo formal da cidadania, um movimento que subtrai permanentemente sua efetivida-

Questão social: afinal, do que se trata?

de — efetividade que sempre foi muito restrita e limitada por conta do legado ainda vivo da tradição corporativa que historicamente regeu a organização do trabalho. Mas seria o caso de se perguntar até que ponto essa permanente e contínua erosão, por baixo, da sociabilidade do trabalho não termina por repor uma ordem institucional regida por uma lógica que obstrui a universalização dos direitos e a generalização das práticas de representação. Essa não é, bem o sabemos, uma questão nova. É um dilema que sempre desafiou o sindicalismo mais atuante, mesmo em sua fase mais gloriosa nos anos 80, mas ganha novas configurações no cenário atual da reestruturação produtiva.

Precarização das relações de trabalho, heterogeneidade ocupacional redefinida por uma variedade inédita de formas de contrato e situações de trabalho (aí incluindo a "volta" do trabalho familiar) e desemprego de longa duração, tudo isso vem sendo debatido, medido, analisado e não seria o caso de discutir, aqui, a ordem de suas causalidades ancoradas nas mudanças em curso, conjugando uma história de longa duração e os rumos de uma modernização selvagem que nos projeta no século XXI sem termos ainda resolvido as tarefas clássicas de uma "modernidade incompleta" (igualdade e justiça social). No entanto, gostaria de enfatizar algumas questões que me parecem importantes e que dizem respeito a um novo diagrama de desigualdades que desafia a agenda clássica de universalização de direitos.

Os novos requerimentos tecnológicos e os novos padrões de organização do processo produtivo vêm sobrepor às antigas e persistentes desigualdades uma segmentação crescente entre setores cada vez mais restritos de trabalhadores mais qualificados, mais valorizados e preservados em seus empregos, de um lado e, de outro, uma maioria que não apresenta as habilitações exigidas pelo novo padrão produtivo, transitando entre o desemprego, o mercado informal e as velhas ou novas formas de trabalho precário. O que está em jogo nesse processo é a quebra de uma estrutura ocupacional que, mal ou bem, permitiu durante décadas, a integração de amplos contingentes de uma força de trabalho pouco ou nada qualificada, interrompendo um ciclo histórico e de longa duração de mobilidade ocupacional e social (Medeiros e Salm, 1994). Ainda será preciso conhecer melhor as consequências societárias de mudanças que estão retirando a eficácia de estratégias ocupacionais (e de vida) ancoradas na experiência de trabalho acumulada no correr dos anos e em uma teia de sociabilidade que sempre operou como mecanismos informais de entrada e circulação no mercado de trabalho, mobilizando informações, oportunidades e chances de emprego. Não se está aqui querendo encontrar alguma virtude no padrão anterior de funcionamento do mercado, mas chamar a atenção para o fato de que o bloqueio dessa espécie de circulação (precária, por certo) no mercado de trabalho redefine por inteiro o sentido da instabilidade ocupacional de que se tratou anteriormente.

É certo que nos últimos anos tem crescido relativamente a presença de trabalhadores mais estáveis, com 5 a 9 anos em seus empregos (de 13% em 1990 a 15,4% em 1994). Mas também é certo que essa maior estabilização é muito seletiva, responde aos novos e excludentes critérios pelos quais vem se dando a reestruturação produtiva, a redefinição dos modos de organização do trabalho e de suas hierarquias internas. No limite, essa maior (e relativa) estabilização, longe de poder ser tomada em si como um indicador positivo, tende a cristalizar segmentações e desigualdades em meio a um mercado estruturado entre enclaves de "modernidade" e um maioria com chances cada vez mais reduzidas no mercado de trabalho. Parece claro que essa segmentação significa um aumento crescente das desigualdades e disparidades salariais. Mas não apenas isso: como vários analistas têm enfatizado, essas segmentações se traduzem também em diferenças de padrões de consumo e estilos de vida, abrindo um fosso quase intransponível entre o "universo da pobreza" pelo qual circulam e no qual estão fixados contingentes de trabalhadores crescentes e os que se integram nos circuitos modernizados do mercado e também da vida urbana, e manipulam "essas coisas modernas, de computador" como diz um jovem trabalhador ao relatar, desalentado, as dificuldades para ele quase intransponíveis para a entrada nesse moderno mercado de trabalho.

Mas essas diferenciações e segmentações não podem ser tomadas como tradução direta, sem mediações, das estruturas produtivas. São a contraface de uma destituição de direitos que hoje avança por todo o mercado de trabalho, atingindo o núcleo dinâmico da economia. É uma destituição — e isso talvez tenhamos que entender melhor — que, ao mesmo tempo em que gera fragmentação e exclusão, vem se dando em um cenário de encolhimento do horizonte de legitimidade dos direitos sociais.[1] Ainda será preciso conhecer melhor até que ponto e por que vias essa mutação — que vem nas trilhas da onda neoliberal (no Brasil e no mundo) — dos significados dos direitos, agora apresentados como ônus, custos e anacronismos que entravam a suposta vocação modernizadora do mercado e as virtudes empreendedoras dos indivíduos, afeta ou vem afetando a sociabilidade do trabalho. Mas é uma mutação que se inscreve, em estado prático, no modo como a reestruturação produtiva vem se dando e as segmentações se cristalizando no mercado de trabalho.

Como bem descrevem Medeiros e Salm (1994), as novas segmentações e dualizações vêm se processando em um quadro marcado por um "hibridismo ocupacional" que remete às formas de regulação do mercado de trabalho e se desdobra na fragmentação dos espaços de representação, introduzindo clivagens entre, de um lado, parcelas cada vez mais restritas e reduzidas de trabalhadores que conseguem negociar garantias e prerrogativas nos espaços do trabalho e, de outro, trabalhadores submetidos a relações de trabalho sem qualquer mediação representativa, sujeitos por isso mesmo à gestão unilateral da força de trabalho. É

---

[1] Agradeço a Cibele Saliba Risek essa mais do que apropriada expressão — encolhimento dos horizonte de legitimidade dos direitos sociais — para avaliar o sentido político das mudanças em curso. Também agradeço a cuidadosa leitura e dicussão da primeira versão desse artigo.

um quadro social no qual a vida sindical e as relações formais de assalariamento convivem com um universo fragmentado e desestruturado em situações de trabalho incomensuráveis nas suas especificidades, sem uma medida comum que só pode e só poderia ser construída pela mediação dos direitos e dos espaços de representação. É nesse universo que cresce a precarização; para os trabalhadores nele inseridos, "os sindicatos não existem, a lei funciona mal, a rotatividade é alta e a modernização é sinônimo de desemprego". Se isso aumenta o fosso entre segmentos diferenciados do mercado de trabalho, o hibridismo institucional isola os setores mais modernos e compromete o poder de interpelação dos sindicatos para além das categorias profissionais mais organizadas e com maior tradição sindical.

No interior desse hibridismo institucional, as segmentações e diferenciações no mercado de trabalho, se desdobram e se duplicam nos dilemas atuais das políticas sociais. De um lado, parcelas ponderáveis da população trabalhadora integrada no mercado formal já estão vinculadas a sistemas privados de saúde, educação e aposentadoria. No que diz respeito ao acesso aos serviços de saúde, na Região Metropolitana de São Paulo, cerca de 45% da população ocupada possuía convênios médicos, proporção que, no entanto, oculta uma brutal e perversa diferenciação interna, conforme níveis salariais e formas de integração no mercado de trabalho, mostrando com isso a lógica regressiva do mercado, às avessas dos critérios universalizantes e redistributivos que os serviços sociais, em princípio, deveriam conter (Braglia, 1996). Como bem nota Wilnês Henrique (1993), esse é um mecanismo perverso que solapa a construção de princípios de solidariedade social efetiva por conta de diferenciações de interesse conforme a qualidade dos serviços e benefícios. Nesse cenário, os arranjos neoliberais ganham terreno, acenando com a perspectiva de uma privatização dos serviços públicos que, se efetivada, haverá de institucionalizar e sacramentar a segmentação da cidadania pela clivagem entre os que têm acesso aos serviços fornecidos pelo mercado e aqueles que são destinados aos precários serviços pú-

Questão social: afinal, do que se trata?

blicos estatais, esses serviços vistos cada vez mais como "coisa de pobre", signo da incompetência ou fracasso daqueles que golpeados pelos azares do destino não puderam ou não souberam provar suas virtudes empreendedoras no mercado. Mas talvez o mais importante — e também o mais inquietante — é que essas segmentações se instalam no interior dos processos produtivos, por meio de uma teia de diferenciações que minam os espaços operários tradicionais. De um lado, como as pesquisas vêm mostrando, no interior de um mesmo espaço produtivo há a combinação de formas modernas de gestão do trabalho, regidas pelos critérios da "participação", "envolvimento" e comprometimento ativo com os imperativos de qualidade e produtividade, a persistência, mesmo que renovada e redefinida no interior das novas hierarquias ocupacionais, dos padrões fordistas de trabalho em que prevalecem as más condições de trabalho, a insegurança dos empregos, os despotismos de sempre, mesmo que temperados pelos novos ares "participacionistas", e — esse é o ponto a ser enfatizado — a exclusão dos benefícios e garantias que os trabalhadores integrados nos núcleos modernizados da produção negociam como recompensa de seu próprio empenho na produção. Se é possível dizer, com Le Goff, que os direitos significam (ao menos em princípio, princípio nunca inteiramente realizado e muito menos na experiência brasileira) uma regulação das relações de trabalho não sujeita aos imperativos instrumentais da economia, mas regida pelo imperativo ético de justiça e igualdade, se é nesses termos que a reivindicação por direitos atualiza, ao menos virtualmente, a vocação universalista da cidadania, estas práticas estão significando — ou podem significar — uma desfiguração da noção e da prática dos direitos por sua instrumentalização pela racionalidade econômica do mercado, submetendo-as aos seus imperativos de eficácia e produtividade. E isso afeta as concepções e representações sobre o social e os direitos a ele indexados, e também a prática e as condições do exercício da cidadania. Para os que têm a sorte de se manter integrados e (relativamente) preservados em seus empregos, as garantias negociadas deixam de ser conjugadas na gramática da cidadania e passam a ser percebidas sob um modo derivado do crescimento das empresas e das competências individuais para o "envolvimento" e "comprometimento" com as exigências de qualidade e eficácia. Como mostram pesquisas recentes, essa mutação de significados dos direitos e essa erosão dos espaços operários tradicionais são algo que vem se processando nos modos como as novas tecnologias vêm sendo introduzidas, redefinindo o espaço e a sociabilidade operárias pela promoção de relações individualizadas em hierarquias redefinidas na organização do trabalho, com ênfase nos critérios do desempenho individual. Para os demais, sujeitos à insegurança nos seus empregos, a noção de direitos perde qualquer sentido pela impossibilidade prática de seu exercício e por conta dessa espécie de descredenciamento que a própria condição de trabalho implica, para a barganha de garantias transfiguradas em recompensas, e não como direitos que devem valer para todos.

Essa erosão dos espaços operários tradicionais se desdobra nas práticas, hoje cada vez mais frequentes, de terceirização, subcontratação e trabalho temporário. Nesse caso, a realidade operária se fragmenta e se pulveriza ao longo dos circuitos de cadeias produtivas que transbordam as definições formais de categorias e jurisdição sindical, subvertendo por inteiro as relações entre trabalho e representação e estendendo como nunca esse enorme e multifacetado universo das "classes inacabadas", por meio da mobilização de diversas formas de trabalho precário, incluindo, na sua ponta, até mesmo o antigo e hoje crescente trabalho familiar. E isso coloca várias questões.

De um lado, a chamada flexibilização das normas contratuais — é disso que se trata — está significando, além da degradação das condições de trabalho e deterioração de padrões salariais, uma segmentação jurídica que joga muitos no pior dos mundos — um mundo no qual não existem garantias do contrato de trabalho regular, que se estrutura às margens das normas pactuadas e dos benefícios conquistados em acordos trabalhistas e que se fragmenta na ausência de mecanismos estáveis de representação. Se é situação que fragmenta o espaço operário tradicional, solapa referências identitárias, quebra a trama de solidariedades construídas em espaços de conflitos e representação, essa flexibilização elide a própria questão da justiça, ao menos tal como foi formulada na concepção moderna de direitos, mediante uma regulamentação do trabalho inteiramente subordinada aos critérios da racionalidade instrumental do mercado.

Por outro lado, essas situações também colocam questões inteiramente novas. De um ponto de vista formal, podemos dizer que os direitos não significam apenas garantias; estruturam um campo de relações pela definição — e tipificação — de responsabilidades e obrigações; e articulam (ou se articulam com) uma esfera institucional na qual e pela qual é sempre possível, nos casos de litígios, de burla de normas contratuais ou de problemas referentes ás condições de trabalho (acidentes de trabalho, por exemplo), proceder à imputação de responsabilidades, apelar às instâncias da Justiça e definir os termos de uma possível arbitragem. Se é assim, então a questão que se coloca é a erosão prática dos direitos em circunstâncias nas quais os protagonistas não estão claros, as responsabilidades não são definidas claramente e nas quais as esferas de deliberação estão descentradas e fragmentadas numa rede produtiva que tende, ademais, seguindo os fluxos da globalização, a ser cada vez mais desterritorializada. Se a questão comentada acima coloca o problema das relações entre trabalho e representação, aqui a questão é a das relações de direito no interior mesmo do processo produtivo.

Longe dessas questões se reduzirem a uma especulação abstrata, são algo que vem se colocando muito concretamente nessa teia de fragmentações nas quais segmentos crescentes de trabalhadores, integrados nessa teia multifacetada por que as cadeias produtivas se organizam, "desaparecem" das categorias profissionais e dos quadros da representação sindical (Rizek e Silva, 1996). E também dos dados que medem o perfil e a composição das categorias profissionais, o que inclui a nós, pesquisadores, que lançam mão de definições, categorias e estatísticas que, assim parece, já não correspondem inteiramente às novas realidades. Ao descrever, por exemplo, os serviços subcontratados de embalagem em uma indústria química, Risek e Silva mostram uma terceirização suja e predatória na ponta da cadeia produtiva da empresa, que incorpora trabalhadores, na maioria mulheres, com base em contratos temporários, submetidos a péssimas condições de trabalho, sem os benefícios dos trabalhadores contratados (convênio médico, cesta básica, transporte) e, pior de tudo, fora da área de atuação do sindicato, pois não mantêm vínculo contratual estável, são computados como trabalhadores autônomos em serviços e desaparecem dos dados relativos ao perfil da força de trabalho do complexo químico. Talvez seja aqui que mais se explicite o sentido mesmo da exclusão. Não se trata de uma gente que está "fora" do mercado e da vida social organizada, como se diz muito frequentemente. Mas desse lugar que, sem a mediação pública dos direitos e da representação, se perde na invisibilidade social. Isso sempre aconteceu no mercado de trabalho, é o cenário das "classes inacabadas". Algo peculiar aos tempos que correm é uma disjunção entre a palavra e as coisas (sem referência, aqui, ao famoso livro de Foucault), uma realidade que escapa às referências identificatórias, às representações (no duplo sentido, de representação sindical e representação simbólica) e se pulveriza na indiferenciação própria dos que não têm nome — as trabalhadoras pesquisadas por Rizek e Silva não sabem ao certo como se identificar, não se reconhecem como químicas e, quanto aos dirigentes sindicais, tampouco sabem ao certo o seu lugar; se não são químicas e tampouco são trabalhadoras "de verdade" (são autônomas ou então assalariadas com contrato temporário), então onde estão, quem são? Somem dos dados e muito provavelmente reaparecem nesse universo tão grande quanto nebuloso que são os "serviços". Ou então, como bem notam os autores, nessa caixa-preta que são as "outras atividades" — lugar dos não classificáveis.

Difícil propor, para finalizar, alguma conclusão que não seja apenas inquietações. Se diante da avalanche neoliberal, a ques-

Questão social: afinal, do que se trata?   135

tão que se apresenta, hoje, é a de refundar o horizonte de legitimidade dos direitos, também é verdade que as mudanças em curso na economia (e na sociedade) estão nos colocando em uma fronteira de dilemas que escapam a conceitos, categorias e fórmulas políticas conhecidas e que estão a exigir uma reinvenção dos termos pelos quais pensar as relações entre trabalho, direitos e cidadania. E isso não depende de fórmulas téoricas, por mais bem construídas que possam ser. Está na ordem da "invenção democrática" e da refundação da política como espaços de criação e generalização de direitos. Contra os rumos da modernização selvagem em curso no país, é disso que depende a possibilidade de uma redefinição das relações entre o econômico e social, e um controle democrático do jogo do mercado. Nesses tempos incertos, em que o consenso conservador que tomou conta da cena pública tenta fazer crer que estamos diante de processos inelutáveis e inescapáveis, fazer essa aposta não é pouca coisa.

BIBLIOGRAFIA

BRAGLIA, M. A. "A proteção social pelo trabalho: entre o óbvio e o exótico". *São Paulo em Perspectiva*, São Paulo, Fundação Seade, vol. 10, nº 1, pp. 46-52, jan./mar. 1996.

CASTEL, R. *Les métamorphoses de la question sociale: une chronique du salariat*. Paris: Fayard, 1995.

EWALD, François. *L'État providence*. Paris: Grasset, 1985.

HENRIQUE, Wilnês. "As políticas sociais na crise". In: APPY, B. *et al.* (orgs.). *Crise brasileira: anos oitenta e o governo Collor*. São Paulo: DESEP/ INCA, 1993, pp. 275-307.

LE GOFF, Jacques. *Du silence à la parole: droit du travail, societé, État (1830-1989)*. Paris: Calligrammes, 1985.

MEDEIROS, C. A.; SALM, C. "O mercado de trabalho em debate". *Novos Estudos CEBRAP*, São Paulo, nº 39, pp. 49-66, jul. 1994.

OFFE, Claus. "A democracia contra o Estado do Bem-Estar?". In: *O capitalismo desorganizado*. São Paulo: Brasiliense, 1989.

OLIVEIRA, Francisco de. "Quem tem medo da governabilidade?". *Novos Estudos CEBRAP*, São Paulo, nº 41, pp. 61-77, mar. 1995.

PAOLI, Maria Célia. "Os direitos do trabalho e sua justiça: em busca das referências democráticas". *Revista da USP*, Dossiê Judiciário. São Paulo, nº 21, pp. 100-15, mar./mai. 1984.

SANTOS, Wanderley Guilherme dos. "Fronteiras do Estado mínimo". In: *Razões da desordem*. Rio de Janeiro: Rocco, 1993.

RIZEK, C. S.; SILVA, L. M. *Trabalho e qualificação no complexo químico paulista*. Relatório de Pesquisa, São Paulo, 1996.

5.
A "NOVA QUESTÃO SOCIAL" BRASILEIRA: OU COMO AS FIGURAS DE NOSSO ATRASO VIRARAM SÍMBOLO DE MODERNIDADE

Nesses tempos de mudança e futuro incerto, a pobreza brasileira está no centro de nossas inquietações e perplexidades diante dos rumos da modernização brasileira no cenário de um mundo globalizado. Se durante décadas a pobreza foi figurada como sinal de um atraso que haveria, quem sabe, algum dia, de ser superado pelas forças do progresso, agora parece se fixar como realidade inescapável, dado incontornável posto pelos imperativos do mercado em tempos de aceleração econômica e revolução tecnológica. A atual modernização por que passa a sociedade brasileira, ao mesmo tempo em que dramatiza enormemente nossa velha e persistente questão social, vem erodindo as referências pelas quais nos acostumarmos a pensar — ou imaginar — as possibilidades desse país conquistar regras de civilidade em seus padrões societários. Em torno dessas imagens de uma pobreza sem redenção possível talvez se tenha uma chave para decifrar os dilemas que os tempos vêm abrindo ou reabrindo nesse país situado na periferia do capitalismo.

E para começar a conversa, não resisto à tentação de lembrar Roberto Schwarz (1993) quando discute, em artigo no qual comenta o livro então recém-publicado de Robert Kurz (*O colapso da modernização*, 1992), o quanto o "mito da convergência providencial entre progresso e sociedade brasileira já não convence", já que a norma civilizada, na qual, desde sempre, o país se espelhou, apenas nos promete, nesses tempos de capitalismo globalizado, uma modernização que não cria o emprego e a cidadania prometidos, mas que engendra o seu avesso na lógica devastado-

A "nova questão social" brasileira

ra de um mercado que desqualifica — e descarta — povos e populações que não têm como se adaptar à velocidade das mudanças e às atuais exigências da competitividade econômica. As ambivalências e contradições de uma modernidade pretendida como projeto, a "comédia do progresso", não é questão nova, sabemos disso[1] — a visada cética e demolidora, em relação a essa norma civilizada que contém, no seu interior, a barbárie de todos os dias, é a operação narrativa que Schwarz identifica em Machado de Assis, nos mostrando com isso não apenas a genialidade do autor, mas a sua contemporaneidade.[2] A novidade, hoje, vem, no entanto, da desestabilização do quadro de referências pela qual essa modernidade foi, para o bem ou para o mal, pensada não apenas como possível, mas como ponto certo e seguro de chegada, vencidos os obstáculos interpostos pela "má-formação brasileira". Mas então, é a questão que Schwarz nos propõe, como pensar o país, se "o aspecto da modernização que nos coube, assim como a outros, for o desmanche, ora em curso, fora e dentro de nós?".

Diria que essa é uma questão que nos interpela diretamente no centro de nossas questões quando fazemos (ainda?) a aposta em uma cidadania ampliada. Pois o desmanche, ora em curso, para usar os termos de Schwarz, não diz respeito à demolição de direitos que, aqui em terras brasileiras, nunca chegaram a se consolidar como referência de uma "norma civilizada" nas relações sociais. Mas é o desmanche de um horizonte e de um conjunto de referências a partir dos quais a cidadania era (e ainda é) formulada como uma aposta política possível.

O desmanche desse horizonte dá o que pensar. De um lado, fica a sugestão de que no rumo que as coisas estão tomando, esse desmanche tem o peculiar efeito de desativar, neutralizar, o foco de inquietação que as ambivalências e contradições que os per-

---

[1] Ver Arantes, 1992.

[2] Ver Schwarz, 1997.

140   Pobreza e cidadania

cursos históricos da modernização brasileira sempre suscitaram — o "senso das dualidades", o mal-estar ante a distância que nos separava do "moderno". Ao que parece, ficamos finalmente modernos e as figuras de nosso atraso foram metamorfoseadas nos símbolos de nosso progresso. E, sendo assim, entre os "resíduos" do atraso de tempos passados e as determinações da moderna economia integrada nos circuitos globalizados do mercado, a pobreza é fixada onde sempre esteve — como paisagem na qual é figurada como algo externo a um mundo propriamente social, como algo que não diz respeito aos parâmetros que regem as relações sociais e que não coloca por isso mesmo o problema das injustiças e iniquidades inscritas na vida social.[3]

Nas figuras dessa gente que não tem como ser absorvida pelas forças do progresso, o "país por subtração" não precisa mais da mediação narrativa para construir as suas imagens palatáveis e promissoras porque modernas. A subtração, mais do que evidência sociológica, vira fato bruto, sem mediação, dado da natureza desprovido, por isso mesmo, de algum sentido que pudesse fornecer a medida ou o parâmetro para avaliar em sentido crítico, ou ao menos abalar, as certezas acerca dos rumos da modernização brasileira. E esse é o outro lado do desmanche, pois nessa pobreza transformada em dado bruto da natureza há também o esvaziamento da função crítica das noções de igualdade e justiça. Mas nisso também ficamos modernos. Sabemos que aqui, em terras brasileiras, essas noções nunca tiveram função crítica — na melhor das hipóteses viram assunto de uma eterna desconversa que é, para Roberto Schwarz, a marca registrada do que ele chama de desfaçatez de classe. Pois hoje isso ganha atualidade já que em sintonia fina com esse espantoso deslizamento, em operação no mundo inteiro, do campo semântico no qual as noções de direitos e cidadania foram formuladas como promessas da modernidade, aparecendo agora como seu avesso, como figuras de atrasos e ana-

---

[3] A respeito, ver capítulo 1 deste volume.

A "nova questão social" brasileira   141

cronismos, privilégios e corporativismos que obstam a potência modernizadora do mercado. Quanto aos desempregados e excluídos, esses não têm lugar na atual fase do capitalismo globalizado, sua pobreza apenas é evidência de sua incapacidade de se adequar ao progresso contemporâneo, gente que por falta de qualificação e competência se tornou dispensável no atual ciclo de uma modernização globalizada. Ao mesmo tempo em que estamos sendo lançados no movimento vertiginoso das mudanças do mundo atual, tudo aparece, aqui abaixo da linha do equador, com um toque de familiaridade, apenas abalada, não pelo tamanho da tragédia social, mas por essa espécie de versão popular do neoliberalismo que é o tráfico de drogas e o crime organizado (aliás também organizado em escala global) que é a porta que restou para os excluídos forçarem a sua entrada no mercado.

Mas essa familiaridade é também enganosa, pois a reciclagem e atualização de nossas mazelas se dá em um campo de conflitos que será preciso averiguar. E é por esse lado que o atual desmanche nos obriga a procurar os termos pelos quais apreender os impasses atuais, para além da constatação da nossa barbárie cotidiana. O que se está aqui sugerindo é que esse campo de conflito fornece uma outra medida para avaliar o desmanche em curso. Mais ainda, circunscreve um terreno a partir do qual avaliar o sentido político desse desmanche. Pois o que parece estar em jogo nisso tudo é a erosão das mediações — reais e simbólicas — pelas quais a reivindicação por direitos pode ser formulada e ganhar visibilidade pública como questão que diz respeito às regras da vida em sociedade. Esse parece ser o sentido mais devastador da atual demolição dos, desde sempre precários, serviços públicos e da destituição de direitos pelas atuais tendências de precarização do trabalho e desregulamentação do mercado. Para além do agravamento das condições de vida de maiorias, trata-se aqui da demolição das referências públicas pelas quais os dramas de cada um podem ser dessingularizados e traduzidos não apenas como experiências compartilhadas, mas como problemas pertinentes à vida pública de um país. Essa é a operação simbóli-

142 Pobreza e cidadania

ca que a linguagem dos direitos permite. Ou permitia, pois é essa linguagem que vem sendo privada de sua potência simbólica e capacidade de interpelação.

A questão não é retórica, pois para além das garantias formais inscritas na lei, os direitos estruturam uma linguagem pública que baliza os critérios pelos quais os dramas da existência podem ser problematizados e avaliados nas suas exigências de equidade e justiça. E isso significa um certo modo de tipificar a ordem de suas causalidades e definir as responsabilidades envolvidas, de figurar diferenças e desigualdades e de conceber as equivalências que a noção de igualdade e de justiça sempre propõe, porém como problema irredutível à equação jurídica da lei, pois é pertinente ao terreno conflituoso e problemático da vida social (Ewald, 1985). É por esse prisma que se pode avaliar o sentido democrático e universalista dos movimentos operários e sociais que agitaram a vida pública brasileira no correr dos últimos anos. Seria mesmo possível dizer que toda essa movimentação teve o efeito de reconfigurar nossa velha e persistente questão social historicamente definida entre a tutela estatal e a gestão filantrópica da pobreza. Pois projetou a questão social no cenário político brasileiro sob uma figuração plural que colocava em foco e sob o foco do debate as possibilidades de se firmar os direitos como princípios reguladores da economia e sociedade.

Sem a pretensão de esgotar o tema, vale, no entanto, pontuar alguns fatos e acontecimentos que caracterizam o campo de conflitos que vem se armando desde o início dos anos 80 e que tem na Constituição de 1988 um marco importante.[4] Para ficar apenas nos exemplos que interessam mais de perto ao tema em discussão, lembremos os embates em torno no novo texto constitucional. Ao definir um sistema de Seguridade Social que incorpora Previdência, Saúde e Assistência Social, a nova Constituição

---

[4] O que segue retoma questões tratadas por mim em Telles, 1998.

A "nova questão social" brasileira

acenou com a promessa de incorporar à cidadania uma maioria que, à margem do mercado formal de trabalho, sempre esteve fora de qualquer mecanismo de proteção social. Esse é o terreno no qual transita cerca de metade ou mais da população trabalhadora, entre desempregados e trabalhadores do mercado informal, sem contar crianças, idosos e todos os que, por razões diversas, estão fora do mercado de trabalho.

Essa é uma gente desprovida de qualquer sistema público de proteção social. Mas é também uma gente, e isso é particularmente relevante para as questões que se pretende aqui enfatizar, que transita em um mundo social que "não existe" do ponto de vista legal. Não existe, pois à margem das regras formais da "cidadania regulada" construídas no estreito figurino corporativo da tradição getulista e que, apesar de todas as mudanças por que passou o país nas últimas décadas, mantêm operante o princípio excludente montado nos anos 30. Não deixa de ser espantosa uma arquitetura institucional que mantém e sempre manteve mais da metade da população fora e à margem do "Brasil legal", porém submersa em uma intrincada e obscura rede de relações que articula miríades de organizações filantrópicas e o próprio Estado.[5]

Esse é o "universo da pobreza", não porque toda essa população viva sempre e necessariamente em condições de pauperização ou miséria. Mas porque é o avesso do "mundo do trabalho", no qual vigoram as regras formais do contrato de trabalho, os direitos a ele indexados e as proteções garantidas pelo Estado contra os riscos do trabalho e da vida — acidentes de trabalho, doença e invalidez, maternidade e orfandade, além das garantias e proteções negociadas por organizações sindicais nas convenções coletivas de suas respectivas categorias. E porque constitui o terreno de atuação das organizações de filantropia e benemerência que montaram, no correr das décadas, uma trama fragmentada e descontínua de serviços e programas sociais que promovem "ini-

---

[5] A propósito, ver Sposati, 1988 e PUC/CNAS, 1994.

ciativas morais de ajuda ao necessitado, que não produzem direitos e não são judicialmente reclamáveis" (Raichelis, 1997: 7).

Retirar os programas sociais da esfera da benemerência, colocá-los na ótica dos direitos e sob a égide de políticas públicas pautadas pelos critérios universais da cidadania, romper com a invisibilidade e fragmentação em que sempre foram mantidos e organizar fóruns públicos de representação, abertos à participação da sociedade civil, foi um embate que mobilizou e continua mobilizando forças sociais diversas com o objetivo de inscrever direitos e prerrogativas no texto legal, abrir um debate público sobre os "mínimos sociais" a serem garantidos por políticas públicas abrangentes e promover um conjunto de programas, projetos e serviços sociais capazes de garantir "certezas e segurança que cubram, reduzam ou previnam riscos e vulnerabilidades sociais" (Sposati, 1995: 24). A Constituição de 1988 acenava, assim, com a promessa de colocar o enfrentamento da pobreza no centro mesmo das políticas governamentais e de retirar, portanto, os programas sociais dessa espécie de limbo em que foram, desde sempre, confinados — fora do debate público e da deliberação política, aquém da representação política e dos procedimentos legislativos já que submersos nessa obscura trama construída pelas organizações caritativas e filantrópicas.

Mais, muito mais, do que retórica política ou objetivos genéricos, os direitos defendidos e os princípios universais da cidadania circunscreveram um duro campo de disputas aberto ainda nos tempos dos debates constituintes, prolongando-se pelos anos 90 até os dias atuais. Parte considerável desses embates deu-se em torno da regulamentação da Lei Orgânica da Assistência Social (LOAS) e da criação de Fóruns e Conselhos de Assistência Social, propostos como espaços democráticos de representação, abertos à participação de organizações da sociedade civil para gestão partilhada das políticas e programas de assistência social.[6] E para

---

[6] A regulamentação da LOAS aconteceu quatro anos depois (em 1992)

A "nova questão social" brasileira

retomar as questões que dizem respeito mais de perto aos nossos temas, os embates em torno da construção dessa nova institucionalidade democrática deram-se grandemente em torno do que se entende ou pode se entender por "mínimos sociais". A obstrução contra a sua formulação mais ampla e universal foi poderosa, e o exemplo do direito dos idosos e deficientes a uma renda garantida é, talvez, o mais evidente e conhecido: direito sacramentado na Constituição de 1988, que poderia ter sido um antecedente virtuoso dos atuais programas de renda mínima, transformou-se em caso exemplar de como conquistas podem ser negadas ou desvirtuadas por conta de artifícios legais manipulados de acordo com conveniências e interesses na partilha dos recursos públicos.[7] O

de promulgada a nova Constituição — e essa demora já é registro evidente das dificuldades e embates para inscrever e formalizar no texto legal os princípios de cidadania previstos na Constituição de 1988. Como mostra Maria Carmelita Yazbek (1995: 13), "a LOAS é resultado de um amplo movimento da sociedade civil organizada, é resultado de mobilizações e negociações que envolveram fóruns políticos, entidades assistenciais e representativas dos usuários dos serviços de assistência social como idosos, portadores de deficiência, crianças e adolescentes, trabalhadores do setor, universidades, ONGs e outros setores comprometidos com os segmentos excluídos da sociedade".

[7] "A Previdência Social estipulou em setenta anos a idade mínima para ter acesso a esse benefício e a fronteira da pobreza em um quarto do salário mínimo, inferior à fronteira da indigência de um salário mínimo, considerada por organismos internacionais, como as Nações Unidas. Dos 3,8 milhões de idosos abaixo da linha da pobreza (ou linha de indigência, na definição dos organismos internacionais) foram enquadrados nas condições da previdência social e cadastrados para acesso à renda mensal vitalícia apenas 500.000 pessoas em 1997, chegando-se à decisão final de que apenas cerca de 200.000 pessoas, entre idosos e deficientes, serão atendidos neste ano! Isso implica descumprir a regulamentação recém-estabelecida pelo próprio governo, reduzindo um direito constitucional ao manejo discricionário de magros recursos para um número de idosos e deficientes indigentes, ou "pobres" no conceito do governo. A renda mensal vitalícia, benefício que sintetiza a rede de proteção aos deficientes e idosos "informais" não rurais, de mais de se-

que era para ser uma política regida por critérios universalistas de cidadania virou um simulacro — caso exemplar de como, no Brasil, a exclusão se dá no modo mesmo como a lei é formulada, não nos seus princípios genéricos, mas nas formas de sua regulamentação, nos modos como tipifica situações e prescreve as condições para o acesso a direitos que em princípio a lei deveria garantir. O fato é que a definição do corte de renda mensal para o credenciamento desses indivíduos para o exercício de um direito constitucional é tão irrisório (renda mensal *per capita* de um quarto de salário mínimo) e os rituais de credenciamento tão complicados, burocráticos e vexatórios que a implantação do benefício realizou o que uma reportagem da revista *Veja* chamou, ao comentar esses e outros programas sociais, de "milagre de redução dos pobres", uma espécie de "metodologia oficial" que consegue a proeza de fazer os pobres desaparecerem do cenário oficial, pois são poucos os que conseguem se credenciar para o acesso aos benefícios distribuídos pelo governo.[8]

Como mostra Raquel Raichelis (1997: 132-3), "a definição do corte de renda e idade como critérios para a concessão do

---

tenta anos (que tenham milagrosamente sobrevivido com renda de um quarto de salário mínimo) era, de fato, o único benefício assistencial reconhecido como direito de cidadania. Este governo o repôs na vala comum dos gastos assistenciais de caráter discricionário, pela limitação extremada das condições de acesso e do número de indigentes efetivamente assistidos" (Lessa *et al.*, 1997: 70).

[8] "A paisagem social do país continua povoada por mendigos nas calçadas e meninos nos sinais de trânsito, mas pelo menos nos papéis da burocracia pública, os miseráveis parecem um grupo em extinção. Examinando-se os programas sociais de combate à miséria, constata-se que os critérios para definir quem está na pobreza e tem direito à ajuda oficial são tão miseráveis que é difícil encontrar um brasileiro pobre o bastante para ser incluído nesses programas. O milagre da redução dos pobres virou metodologia oficial em programas oficiais dos municípios, dos Estados ou do governo federal". In: "Procura-se um miserável", *Veja*, nº 1.440, pp. 66-9, 17/4/1996.

A "nova questão social" brasileira   147

benefício de prestação continuada foi o resultado de um duro embate político entre as forças organizadas da sociedade civil e os responsáveis pela política econômica do (então) governo Itamar" e nesse embate prevaleceu "a ótica liberal conservadora do critério de menor elegibilidade, do teste de meios constrangedores e da seletividade das categorias consideradas 'merecedoras'".[9] Cinco anos depois da regulamentação da LOAS, os benefícios, serviços e programas de enfrentamento à pobreza previstos no texto legal não foram implantados, o governo insiste em reduzir ainda mais a cobertura dos benefícios aos idosos e deficientes[10] e a política de redução dos gastos públicos vem sistematicamente degradando a qualidade dos serviços já existentes, e isso "num momento em que a população empobrecida recorre cada vez mais aos serviços públicos gratuitos para enfrentar a sobrevivência" (Yazbek, 1995: 12).

Apesar das obstruções e derrotas nas negociações em torno dos princípios norteadores da Seguridade Social, é importante, no entanto, notar que, aos poucos, de modo desigual e não sem dificuldades e obstáculos de todos os tipos, os Conselhos e Fundos

---

[9] "Uma das principais questões que vêm mobilizando os Conselhos e Fóruns de Assistência Social em todo o país relaciona-se à definição do corte de renda e de idade relativos ao benefício de prestação continuada a idosos e deficientes físicos..." Mas "o procedimento adotado tem impedido, na prática, que sejam cumpridas as próprias metas definidas pela Secretaria Nacional de Assistência Social" (Raichelis, 1997: 131, nota 1).

[10] Conforme reportagem da *Folha de S. Paulo*, é intenção do atual governo reduzir ainda mais a cobertura desses benefícios, por meio de uma Medida Provisória que altera as regras de acesso. O argumento oficial é que o número de candidatos ao benefício superou as expectativas e que não há recursos para tanto. E mais: o argumento oficial é que esse aumento decorre do fato dos requisitos que determinam o perfil do beneficiado serem muito flexíveis e permitirem que idosos e deficientes com renda per capita superior a R$ 30,00 mensais recebam a ajuda ("Governo deve reduzir ajuda a deficiente e idoso carente", *Folha de S. Paulo*, 11/7/1997).

de Assistência Social, previstos no texto legal, vêm sendo implantados em muitos estados e municípios brasileiros. Apesar de serem poucos os que estão de fato funcionando,[11] representam a abertura de mediações democráticas que prometem dar continuidade e desdobramentos aos debates e embates em tornos dos princípios cidadãos para a implantação de programas e serviços sociais. E, sendo assim, esse campo de conflito, estruturado em âmbito nacional, converge com uma dinâmica societária, também ela atravessada por uma nova conflituosidade que, nos anos recentes, se desdobrou, como conquista de cidadania, na construção de uma tessitura democrática na interface entre Estado e sociedade.

Como bem notou Faleiros (1996), a intensa mobilização social que marcou o país nos últimos anos acabou por atingir a tradicional clientela do Serviço Social. Moradores pobres das periferias da cidade, mulheres, negros, crianças e adolescentes, idosos e aposentados vêm se mobilizando e se organizando, transformando-se, por isso mesmo, sujeitos políticos que se pronunciam sobre as questões que lhes dizem respeito, exigem a partilha na deliberação de políticas que afetam suas vidas e, por isso mesmo, dissolvem a figura do pobre carente e desprotegido, como sempre foram vistos na sociedade, para se imporem como cidadãos que exigem direitos. A partir do final dos anos 80 e mais intensamente nos anos 90, multiplicaram-se organizações de defesa dos direitos humanos e de luta contra formas diversas de discriminação e racismo; as lutas em defesa das crianças e dos adolescentes desdobram-se na implantação de conselhos de direitos e conselhos tutelares, e movimentos sociais se constituíram em inter-

---

[11] Até 1997, em todos os 27 Estados da Federação já haviam sido criados Conselhos e Fundos de Assistência Social, de acordo com o prescrito na Lei Orgânica da Assistência Social (LOAS). No âmbito municipal foram criados, até esse ano, 2.908 Conselhos e 2.467 Fundos. No entanto, dos 2.908 conselhos municipais de assistência social criados, apenas 1.859 (34%) estavam em funcionamento até 1997. Ver Raichelis (1997: 8).

A "nova questão social" brasileira

locutores constantes nas Secretarias Sociais. E isso significa que o tradicional e obscuro universo da filantropia foi também sofrendo um processo de erosão pela existência desses vários fóruns de participação e representação, além de uma rede, hoje bastante ampla e diversificada, de organizações de prestação de serviços e de defesa dos direitos.

O fato é que esse processo organizativo, certamente desigual e muito diferenciado conforme cidades e regiões do país, ocorre em um terreno fertilizado pelos inúmeros movimentos sociais que, desde a década 70, fazem parte da realidade política das cidades. Mais recentemente e tendo por referência possibilidades de uma cidadania ativa abertas pela Constituição de 1988, essa movimentação ampla e multifacetada desdobrou-se em uma tessitura democrática, construída na interface entre Estado e sociedade, aberta à práticas de representação e interlocução pública: nos anos recentes multiplicaram-se fóruns públicos nos quais questões como direitos humanos, raça e gênero, cultura, meio ambiente e qualidade de vida, moradia, saúde e proteção à infância e adolescência se apresentaram como questões a serem levadas em conta numa gestão partilhada e negociada da coisa pública. Sob formatos diversos e representatividade também desigual, nesses fóruns políticas sociais alternativas vêm sendo elaboradas e debatidas: alternativas para a construção de moradia popular são discutidas em fóruns que articulam organizações populares, ONGs, empresários da construção civil, profissionais liberais e representantes governamentais; medidas efetivas contra a discriminação racial ou de gênero são igualmente discutidas, desde políticas sociais pautadas pelo princípio da ação afirmativa até a elaboração de instrumentos políticos e jurídicos que permitam dar efetividade a direitos garantidos (e conquistados) na Constituição de 1988; ONGs, grupos de defesa dos Direitos Humanos e até mesmo sindicatos se mobilizam em torno de programas de intervenção junto às crianças de rua, buscando alternativas que escapem à polaridade entre tutela e repressão que sempre caracterizou a ação pública junto a essa população; sindicatos elaboram

150 Pobreza e cidadania

e discutem em fóruns sindicais ou políticos, junto com empresários e/ou representantes de governos locais, alternativas contra o desemprego, desde políticas de requalificação de trabalhadores demitidos até apoio a microempreendimentos que atuam nas fronteiras do chamado mercado informal, ou ainda, em alguns lugares, possibilidades de constituição de cooperativas de trabalhadores que possam atuar nas brechas abertas pelos processos em curso de terceirização das indústrias.

Nesse cenário, a Campanha da Fome não foi um acontecimento menor. No correr de 1993 e 1994, os comitês se multiplicaram por todo o território nacional, organizaram perto de três milhões de pessoas e mobilizaram trinta milhões de brasileiros em alguma forma de apoio e contribuição. Além de suas realizações concretas, o que parecia de fato uma novidade na história desse país era um debate feito em fóruns diversos (das universidades às ONGs, passando por empresários, técnicos, funcionários públicos e profissionais liberais) que colocava em pauta a dimensão ética envolvida no problema da miséria, interpelando a opinião pública no seu senso de responsabilidade pública e obrigação social. De fato, a Campanha desencadeou um amplo debate que mobilizou técnicos e especialistas de diversas áreas, lideranças políticas e representantes de governos locais, sobre as difíceis relações entre economia e direitos, políticas sociais e qualidade de vida. Em torno do problema da fome, tudo era então discutido em um debate que ganhou lugar nas páginas centrais da grande imprensa: questões relativas à produção e distribuição de alimentos, as relações entre saúde e nutrição, tecnologia e desenvolvimento local, soluções para as mazelas das políticas sociais existentes ou, então, possíveis políticas sociais alternativas envolvendo o tema das parcerias Estado-sociedade, o papel da iniciativa privada e também das organizações não governamentais. Naqueles anos, a questão da pobreza foi decididamente projetada no centro do debate político, e esse talvez tenha sido o maior feito da Campanha da Fome.

A "nova questão social" brasileira 151

Mas também é preciso dizer que mais do que a acolhida generosa da população brasileira,[12] a promessa da Campanha da Fome ia além, muito além, de um apelo genérico à solidariedade dos brasileiros, pois estava conectada, e isso muitas vezes deixa-se de enfatizar, com o que talvez tenha sido, na história recente do país, a tentativa mais séria e articulada, não apenas de combate à fome em seus aspectos mais urgentes e emergenciais, mas de enfrentamento da pobreza. Alimentação como bem público e direito universal foi o princípio que regeu a criação, em abril de 1993 (Governo Itamar Franco), do Conselho de Segurança Alimentar, o CONSEA, com a participação de 21 membros da sociedade civil e nove de representantes governamentais.[13] A parceria democrática entre Estado e sociedade foi definida como princípio norteador e item programático de planos de ação. E o objetivo era a elaboração de uma proposta orgânica de combate à fome que fosse além das costumeiras políticas emergenciais e assistenciais (distribuição de alimentos, por exemplo) e enfren-

---

[12] Pesquisa do Ibope, realizada em 1994, mostrou que 68% da população tinha conhecimento da campanha e que 32% participava dela de alguma forma.

[13] Conforme esclarece Flavio Valente (1997), o CONSEA surge como resultado do processo de negociação entre o Movimento pela Ética na Política, um dos principais atores na articulação da campanha cívica pelo *impeachment* do presidente Collor, e o governo Itamar Franco. Imediatamente após o *impeachment*, o movimento lança as primeiras sementes da Ação da Cidadania contra a Fome, a Miséria e pela Vida, que vai ser o grande parceiro civil no CONSEA. Em 1993, em paralelo à criação do CONSEA e em sintonia com as demandas da sociedade civil, o governo federal, de forma absolutamente inédita na história do país, reconheceu o círculo vicioso formado pela fome, a miséria e a violência, e definiu o seu enfrentamento como prioridade de governo. A fragilidade da base política do novo governo e sua necessidade de legitimação junto à sociedade civil, abriu amplas perspectivas para a construção de mecanismos concretos de parceria entre setores da sociedade civil organizada e setores governamentais interessados em combater os graves problemas sociais enfrentados pela sociedade brasileira.

tasse questões relativas à produção e distribuição de alimentos, passando pelo difícil problema do acesso à terra e também alternativas de geração de renda e desenvolvimento local. Em junho de 1994, foi realizada, em Brasília, a I Conferência Nacional de Segurança Alimentar, com a participação de mais de dois mil delegados vindos de 26 Estados e do Distrito Federal, indicados a partir de centenas de reuniões e conferências preparatórias nos estados e municípios brasileiros. Comitês da Ação da Cidadania, organizados por empresas estatais, realizaram seminários e apresentaram contribuições; e as universidades públicas não ficaram, elas também, fora dessa mobilização: no Rio de Janeiro criaram o Fórum Permanente de Segurança Alimentar e as universidades paulistas realizaram um seminário no Campus da Unicamp (Universidade Estadual de Campinas) para elaborar propostas a serem encaminhadas na Conferência.[14] Além do próprio conceito de segurança alimentar, estava na pauta dos debates a relação Estado-sociedade, ações locais de cidadania, a questão agrária e o desenvolvimento rural, política agrícola, saúde, educação, geração de empregos e políticas de renda. Antonio Ibanez Ruiz, membro do CONSEA e representante do Conselho de Reitores das Universidades Brasileiras no Movimento pela Ética na Política, sintetiza, em artigo de abril de 1994, muito do que então era percebido como o sentido político inovador do evento: "a importância estratégica de todo esse processo que levará à conferência nacional é deixar muito claro que a discussão do que foi chamado de 'segurança alimentar' passa por uma revisão profunda do atual modelo de desenvolvimento, substituindo-o por outro, que nasça desse amplo e intenso debate popular, e que permita o crescimento sustentável da economia, com equidade social. Isto implicará necessariamente a existência de políticas públicas integradas, traduzidas em medidas concretas nos vários campos da es-

---

[14] Ver Antonio Ibanez Ruiz, "Cidadania e combate à fome", *Folha de S. Paulo*, p. 2-2, 28/7/1994.

trutura social, da educação à saúde, da habitação ao transporte, e, sobretudo, ao pleno emprego que assegure a todo homem, toda mulher, a todas as famílias, as condições mais dignas possíveis de existência".[15]

Naqueles anos, sobretudo entre 1993 e 1994, a questão da pobreza estava decididamente na pauta do debate público. E mais: a novidade que isso representava na história do país era a projeção da pobreza como problema público — problema público não porque simplesmente todos falavam do tema, mas porque punha em foco as alternativas de futuro do país e porque em torno dela e a partir dela eram figurados e tematizados os desafios da cidadania e da construção democrática em uma sociedade desigual e excludente.

Mas a referência aqui à Campanha da Fome também importa porque nos dá uma medida dos rumos que o país tomou a partir daí.[16] Menos de dois anos depois de ter sido desencadeado, já em 1994 com o anunciado Plano Real, toda essa cartografia do debate público como que se desfez, sem deixar rastros. Questão por si só inquietante pelo que sugere da tradição de um país em que as coisas parecem, nunca, ter continuidade, por conta de uma peculiar lógica política que produz algo como um curto-circuito na dinâmica que vem "desde baixo", da sociedade civil, provocando o desacontecimento do que então aparecia como novas realidades, novos fatos, novas possibilidades. Por certo, o legado daqueles anos continua operante na sociedade e nos expe-

---

[15] Ver Antonio Ibanez Ruiz, "A gente não quer só comida", *Folha de S. Paulo*, p. 1-3 13/4/1994.

[16] A Conferência Nacional de Segurança Alimentar não teve os desdobramentos esperados e o próprio CONSEA teve vida curta: entre as primeiras medidas do governo Fernando Henrique Cardoso, nos primeiros dias após a posse do novo presidente, em janeiro de 1995, o CONSEA foi extinto e substituído pelo Programa Comunidade Solidária, subordinado diretamente à Presidência da República, dirigido pela primeira-dama e composto por conselheiros escolhidos pelo próprio governo.

rimentos democráticos que vêm se dando, mesmo que fragmentariamente e isoladamente em vários pontos do país. O problema é que essas experiências tendem a ser privadas de sua potência política e também simbólica no sentido de pautar o debate público e construir uma medida que possa lhes dar envergadura e sentido político para além das suas circunstâncias locais mais imediatas. É o curto-circuito a que se fez referência. E é sob esse prisma que, talvez, possamos avaliar o efeito devastador da atual corrosão dos direitos.

Além da evidente fragilização das condições de trabalho e de vida das maiorias, a destituição dos direitos — ou, no caso brasileiro, a recusa de direitos que nem mesmo chegaram a se efetivar — significa também a erosão das mediações políticas entre o mundo social e as esferas públicas, de tal modo que estas se descaracterizam como esferas de explicitação de conflitos e dissenso, de representação e negociação. E isso muda tudo no que diz respeito à questão social. Pois, no cenário político atual, há um deslocamento da pobreza, como questão e como figuração pública de problemas nacionais, de um lugar politicamente construído — lugar da ação, da intervenção e da invenção, da crítica, da polêmica e do dissenso — para o lugar da não política, no qual é figurada como dado a ser administrado tecnicamente ou gerido pelas práticas da filantropia. O campo social é despolitizado e fixado como esfera que escapa à ação responsável, pois é visto como dependente dessa versão moderna das leis da natureza hoje associada à economia e seus imperativos de crescimento.

Mas aqui reatamos a discussão com as questões do início deste artigo — a pobreza e suas figurações no cenário público brasileiro. Na verdade é esse deslocamento que permite requalificar o universo da pobreza, pois trata-se um campo político construído pela convergência de várias temporalidades: o pesado legado de um passado excludente; os movimentos sociais, as reivindicações por direitos e as promessas de uma cidadania amplia-

A "nova questão social" brasileira   155

da; a reestruturação produtiva e a redefinição do poder regulador do Estado em um mundo globalizado, o que projeta as políticas sociais no centro da crise ou redefinição dos modos de regulação social, já que ganham uma nova centralidade pelo aumento crescente da população excluída do contrato mercantil e contributivo. E isso significa também reconhecer que em torno desse "mundo da pobreza" configuram-se algumas das questões cruciais dos tempos que correm — terreno de enfrentamentos, embates e disputas em torno do atual reordenamento das relações entre Estado e sociedade.

Com isso o que se está aqui propondo é que esse universo da pobreza, hoje amplificado e dramatizado, não pode ser entendido apenas como o "outro lado" que mostra o avesso da modernização brasileira. Pois há uma operação em curso que engendra um diagrama político e um jogo social que desafia, por dentro, os termos pelos quais o problema político da cidadania pode ou poderia ser formulado.

Esse mundo da pobreza, mundo da filantropia, é o terreno, como vimos, no qual se deram alguns dos embates cruciais dos últimos anos pela conquista de uma cidadania ampliada. E é o terreno no qual a destituição de direitos, destituição real e simbólica, vem se traduzindo no que Yazbek (1995) chama de "refilantropização da pobreza" em um cenário de redução de investimentos públicos na área social e de obstrução dos instrumentos de intervenção social previstos na Constituição de 1988 e na LOAS. Analistas e profissionais do serviço social são praticamente unânimes em dizer que o Programa Comunidade Solidária, instalado no bojo da reforma administrativa que inaugura o novo governo já no seu primeiro dia de funcionamento (1/1/1995), é peça central nessa operação,[17] pois opera como uma espécie de alica-

---

[17] A propósito, ver Sposati (1995, 1997), Yazbek (1995a, 1995b, 1997), Faleiros (1995, 1996), Raichelis (1997), Ribeiro (1996). Os argumentos aqui

te que desmonta as possibilidades de formulação da Assistência Social como política pública regida pelos princípios universais dos direitos e da cidadania: implode prescrições constitucionais que viabilizariam integrar a Assistência Social em um sistema de Seguridade Social, passa por cima dos instrumentos previstos na LOAS, desconsidera direitos conquistados e esvazia as mediações democráticas construídas — "os debates e propostas em fóruns, conferências, seminários e encontros não são considerados", da mesma forma como "os esforços dos movimentos sociais em construir múltiplos conselhos de gestão paritária nas áreas da saúde, criança e adolescência, da assistência social, entre outros, e em articular fóruns e conferências municipais, estaduais e nacionais, têm sido desvalorizados" (Sposati, 1995).

Mais importante ainda do que a denegação de conquistas que vinham sendo alcançadas desde 1988 é o esvaziamento do campo político no qual essas conquistas vinham se processando. É esse o efeito da montagem de uma estrutura de atuação que estabelece uma articulação direta com organismos do executivo federal, de um lado e, de outro, a seleção "pelo alto" das parcerias a serem feitas no âmbito da sociedade para a execução dos programas sociais. E isso significa, muito concretamente, a erosão dos espaços políticos construídos e o esvaziamento da tessitura democrática a que se fez referência páginas atrás, na medida mesma em que são destituídos de eficácia e privados de ressonância pública. Seria possível argumentar que o PCS não tem e nem poderia ter tamanha força política, pois sua atuação é muito localizada, fragmentada e circunscrita a alguns poucos municípios (os mais pobres nas regiões mais atrasadas) no território nacional. No entanto, sua força não vem do impacto dos programas que chega a implementar. O problema está no campo político que circunscreve.

---

desenvolvidos seguem de perto a análise crítica desses autores. Para uma análise mais detalhada e circunstanciada dos fatos e questões em pauta, remeto o leitor à leitura desses autores.

A "nova questão social" brasileira

De um lado, como sugere Vanda Costa Ribeiro (1996), ao operar à margem dos instrumentos legais e jurídicos definidos na Constituição e na LOAS, o PCS abre caminho para a desintegração do padrão de seguridade social (que nem mesmo chegou a consolidar-se) definido na Constituição de 1988 e prepara o terreno para a redefinição conservadora de programas sociais, de caráter compensatório e perfil seletivo e focalizado, desvinculados de uma definição jurídico-legal para a distribuição de benefícios e dissociados de instâncias democráticas de participação e deliberação políticas. Além de institucionalizar a dualização entre trabalhadores integrados nos circuitos modernos da economia e os "pobres" assistidos por programas sociais, esse é um modelo de proteção social que parece cristalizar a concepção, hoje corrente, de que pobreza é um dado inevitável, que nada existe a ser feito além da gestão da miséria para minorar seus efeitos mais perversos e também neutralizar seu eventual potencial conflitivo.

Por outro lado, sob o discurso edificante da solidariedade e sob o formato "moderno" da parceria com a sociedade civil, o PCS parece conferir validade e plausibilidade a uma redefinição conservadora das relações entre Estado e sociedade, que elide a questão dos direitos pela transferência das responsabilidades públicas na prestação de serviços sociais para a assim chamada comunidade, seja a família, sejam as organizações não governamentais, sejam as organizações filantrópicas tradicionais e suas formas modernas, aí incluindo a chamada filantropia empresarial. E isso significa também reconhecer que a desmontagem do campo político democrático em construção nos últimos anos não significa tão simplesmente um retorno às velhas e tradicionais práticas da "gestão filantrópica da pobreza". É uma outra forma de gestão do social — gestão das populações pobres, poderíamos dizer, que tende a se realizar em um encapsulamento comunitário ao revés dos princípios universalistas da igualdade e da justiça social e que tem por efeito erodir a própria noção de direitos e cidadania pela neutralização da tessitura democrática construída na interface entre Estado e sociedade. E isso projeta as organizações da sociedade civil construídas nos últimos anos, aí incluindo o que muitos chamam de novas formas de associativismo identificadas com esse universo tão amplo quanto heterogêneo (e nebuloso quanto às suas características) que são as assim chamadas organizações não governamentais, no centro mesmo dos embates e desafios atuais. Pois o que está em pauta são precisamente as mediações democráticas construídas, sem as quais a dinâmica associativa sobre a qual essa sociedade civil se estruturou corre o risco de um retraimento comunitário, encapsulado na particularidade de grupos sociais diversos. É esse retraimento e esse encapsulamento que conferem — ou podem conferir — plausibilidade a novas formas de gestão da pobreza, entre a administração técnica das "necessidades sociais" (mas afinal, o que são essas necessidades? E quem as define?) e o discurso humanitário da filantropia que faz apelo a um sentido de solidariedade constitutivo dessa trama associativa, mas bloqueia a sua dimensão política e a reduz aos termos estritos da responsabilidade moral.

É preciso que se diga que essas são tendências em curso no cenário brasileiro e não podem ser tomadas como fatos inteiramente objetivados e já consolidados. Mas não é impossível adivinhar o horizonte que vem se delineando. De um lado, o que parece estar à vista é um reordenamento comunitário de programas sociais subsidiados pelo Estado e mediados pelos critérios de eficiência e competição do mercado (Faleiros, 1996). E é nesse terreno que entra em cena o chamado Terceiro Setor. Em nome das suas virtudes solidárias e empreendedoras, as organizações do Terceiro Setor são celebradas como alternativas eficientes, flexíveis e dinâmicas na prestação de serviços sociais. É nesses termos que o então ministro Bresser Pereira faz a defesa das "organizações sociais", nova figura jurídica criada em outubro de 1997, apresentada como uma forma moderna de gestão dos serviços sociais capaz de defender os direitos sociais de forma competitiva e portanto mais eficientes, ao contrário da rigidez e anacronismos próprios de um "Estado Burocrático". E é nesses termos que faz a defesa do Terceiro Setor definido como um espaço público

A "nova questão social" brasileira 159

não estatal no qual atividades de interesse público podem ser desenvolvidas sem os constrangimentos burocráticos do Estado e à margem dos imperativos de lucro do mercado.[18]

Não deixa de ser significativo o modo como a noção de espaço público não estatal, tantas vezes enunciada por Tarso Genro, para ficar no exemplo de uma figura pública conhecida por suas posições amplamente expostas ao debate público, vem sendo redefinida e submetida a uma ressignificação que elide a questão da alteridade política e o princípio da representação em espaços públicos de explicitação de conflitos e dissensos, de negociação e interlocução em torno de questões pertinentes à vida em sociedade. Mas é precisamente a neutralização desse campo político democrático que permite um deslizamento semântico pelo qual o bem público passa a ser identificado com interesses coletivos de grupos sociais e espaços públicos são traduzidos nos termos da participação comunitária.[19] E é essa operação semântica que permite, sob a denominação genérica de Terceiro Setor, colocar como equivalentes entidades filantrópicas (velhas e novas), organizações não governamentais, associações de moradores e grupos comunitários de perfis diversos. Essa equivalência não é inteiramente falsa, é, na verdade, construída por referência a uma medida não política que faz referência a uma noção moral de responsabilidade, entendida como dever de solidariedade em relação aos pobres. Não por acaso, o discurso, hoje corrente, sobre o Terceiro Setor omite a tessitura democrática construída na interface entre Estado e sociedade por meio de espaços de participação, de representação e negociação política. Há aí um peculiar deslocamento do campo em que a noção de espaço público não estatal é definida, de uma noção política e politicamente construída, para

---

[18] Entre os inúmeros artigos publicados na grande imprensa, ver "O Estado do século XXI", *Folha de S. Paulo*, p. 1-2, 28/11/1996.

[19] Para uma discussão sobre as diferenças entre espaço público, comum e coletivo, ver Tassin, 1991.

uma versão comunitária apresentada como terreno da solidariedade — não a solidariedade dos direitos sociais, mas, como diz Aldaiza Sposati (1996), a solidariedade na benemerência. Não é casual, portanto, a recente valorização da filantropia como figura de solidariedade e fraternidade ante os deserdados da sorte. Sinal inquietante de um cenário em que as próprias noções de responsabilidade pública e de bem público vêm vendo erodidas como referências ou "ideias reguladoras" pelas quais a crítica das mazelas brasileiras pode ser formulada e imaginados outros horizontes possíveis de futuro.

Para além da retórica edificante da solidariedade, essas novas formas de gestão do social terminam também por descaracterizar a própria noção de cidadania e direitos: a cidadania passa a ser entendida como participação comunitária e no lugar de sujeitos de direitos, entra em cena a figura do usuário de serviços. Como diz Faleiros (1996), "não é através da garantia de direitos de cidadania social que os indivíduos e grupos têm acesso aos serviços", mas por intermédio de critérios focalizados, seletivos e particularizados, estabelecidos sempre de modo *ad hoc* pelas agências, grupos comunitários ou organismos não governamentais que os gerem. Nas situações nada hipotéticas de indivíduos ou grupos discriminados ou excluídos desses serviços, quais as instâncias pelas quais esse "direito" pode ser demandado? Não há, parece claro, nenhuma instância: a distribuição de serviços e benefícios sociais depende em tudo e por tudo da aleatoriedade da boa vontade ou competência dessas mesmas organizações. E esse é um ponto importante a ser enfatizado, pois trata-se aqui exatamente da desmontagem das mediações (institucionais e políticas) sem as quais os direitos viram uma ficção retórica: não podem ser formulados, não têm como ser reivindicados e são privados das mediações pelas quais o litígio pode ser configurado e processado nas formas possíveis de sua negociação. Esse é o aspecto pragmático da desmontagem dos campos de conflitos e, no limite, da erosão da própria política.

A "nova questão social" brasileira
161

Seria possível dizer que, nesse cenário, vem se configurando, na verdade, a desmontagem da própria ideia de bem público e responsabilidade pública. Bem sabemos que essas noções nunca chegaram a se constituir plenamente na sociedade brasileira, mas é precisamente isso que torna a questão mais problemática, já que trata-se da demolição das referências cognitivas e valorativas pelas quais essas noções poderiam ser formuladas como futuro possível. Pois para além de uma privação da palavra e diferente da repressão de outros tempos, trata-se do sequestro da possibilidade de sua própria enunciação, ou por outra: a possibilidade de nomeação da questão pública é obstruída. É nisso que se tem o registro do processo descrito por Francisco de Oliveira (1998) quando chama a atenção para a produção da "experiência subjetiva da desnecessidade do público", contrapartida da anulação da política, pois é disso que se trata, que destrói as referências simbólicas de uma universalização possível. É isso o que bloqueia a possibilidade da resistência social se transformar em alternativa política. E é o que dá plausibilidade a essa mutação de sentidos pelas quais direitos são figurados como ônus e custos, privilégios e anacronismos corporativos.

Mas é pelo ângulo societário que os impasses atuais se qualificam. Sob o risco de uma simplificação exagerada, seria possível dizer que estamos testemunhando a construção de um social por enclaves. E nesse caso, esse reordenamento comunitário das "políticas sociais" (na verdade, formas de gestão do social) tem que ser visto em perspectiva com processos em curso na esfera do trabalho. Para os que ainda têm a sorte de se manterem integrados nos núcleos organizados da economia, as atuais tendências de desregulamentação e flexibilização dos direitos (e normas contratuais) estão significando a configuração de uma sociabilidade privada e privatizada que transfigura direitos em benefícios concedidos como "recompensa" às competências individuais e individualizadas nas novas práticas de gestão da força de trabalho, minando por baixo as práticas de representação pela erosão das medidas possíveis de universalização, ao mesmo tempo em que

162   Pobreza e cidadania

cria a desnecessidade de serviços públicos, agora encapsulados nas formas diversas de um *welfare privado*.

Para os demais, desempregados e todos os que transitam nas franjas do mercado de trabalho entre formas diversas e hoje crescentes de trabalho precário, resta o discurso humanitário que prega a solidariedade como dever moral em relação aos "pobres" — essa figura anônima, inteiramente construída em negativo, no registro da carência e da impotência. São os "excluídos", essa noção que se tornou moeda corrente dos debates atuais e que constrói a imagem de uma sociedade dualizada como se fossem dois mundos separados, que correspondem, de um lado, à atual celebração da empresa como *locus* da modernidade e da riqueza e, de outro, os que não são ou não podem ser incorporados pelo mercado. Se os que provaram suas qualidades e competências no mercado merecem a recompensa dos benefícios concedidos pelas empresas, para os outros, para o mundo da pobreza, trata-se, não de garantir direitos, mas de atender suas "necessidades". Concretamente, para esses trabalhadores a privação de direitos significa uma experiência na qual o mercado parece operar com a aleatoriedade própria dos fenômenos da natureza e as adversidades do emprego e do desemprego tendem a se confundir com os azares de cada um. Sempre foi assim. É o cenário das "classes inacabadas" que se constituem nesse imenso e hoje crescente mercado informal. A novidade dos tempos atuais é que essa figura clássica de nosso "atraso" foi metamorfoseada em símbolo de nossa modernidade e referência pela qual transformar direitos consagrados em privilégios que nos atam aos anacronismos de tempos passados. Essa é a dimensão, talvez a mais perversa, da atual demolição das mediações políticas e referências públicas, demolição pela qual a modernização neoliberal, hoje em curso, mostra o seu lado regressivo na sua tentativa, como diz Francisco de Oliveira (1998), de "fazer as relações humanas retrocederam ao estatuto de mercadoria", ao mesmo tempo em que implode o contrato mercantil, que, no Brasil, nunca foi sólido e nunca se generalizou como norma e medida de sociabilidade.

E é por esse ângulo que os impasses atuais se qualificam, pois há aí questões que nos desafiam no núcleo mesmo de nossas questões: como pensar e propor direitos e cidadania em um contexto (societário, econômico e político) que desfaz as equações clássicas pelas quais essas noções foram construídas, conceitualmente e politicamente? São questões que nos projetam em um novo diagrama de questões que desafia os modos pelos quais nomeamos e formulamos o problema político da cidadania. Certamente as noções de direitos e cidadania são referências de valor pelas quais a barbárie dos tempos atuais pode ser nomeada, descrita e denunciada. Mas também é certo que direitos e cidadania significam um modo de nomear (e imaginar) as formas pelas quais as relações sociais podem ser reguladas e construídas regras civilizadas de sociabilidade — e é exatamente por esse ângulo que estamos sendo desafiados.

BIBLIOGRAFIA

ARANTES, Paulo Eduardo. *Sentimento da dialética na experiência intelectual brasileira: dialética e dualidade segundo Antonio Candido e Roberto Schwarz*. Rio de Janeiro: Paz e Terra, 1992.

EWALD, François. *L'État providence*. Paris: Grasset, 1985.

FALEIROS, Vicente. "Serviço social: questões presentes para o futuro". *Revista Serviço Social e Sociedade*, n° 50, abr. 1996.

_____. "Renda mínima: uma avaliação". In: SPOSATI, A. (org.). *Renda mínima e crise mundial*. São Paulo: Cortez, 1997.

LE GOFF, Jacques. *Du silence à la parole: droit du travail, societé, État (1830-1989)*. Paris: Calligrammes, 1985.

OLIVEIRA, Francisco de. "A vanguarda do atraso e o atraso da vanguarda". In: *Os direitos do antivalor: a economia política da hegemonia imperfeita*. Petrópolis: Vozes, 1998.

PUC/CNAS. *Cidadania e filantropia: um dilema para a CNAS*. São Paulo: Núcleo de Seguridade Social da PUC-SP, 1994.

RAICHELIS, Raquel. "Assistência social e esfera pública: os conselhos no exercício do controle social". *Cadernos ABONG*, Série Especial "Subsídios à Conferência Nacional de Assistência Social — III", São Paulo, ABONG, 1997.

RIBEIRO, Vanda Costa. *À margem da lei: o programa Comunidade Solidária*. XX Encontro Nacional da Associação Nacional de Pesquisa e Pós-Graduação em Ciências Sociais, ANPOCS. Mimeo, 1996.

SCHWARZ, Roberto. "Ainda o livro de Kurz". *Novos Estudos CEBRAP*, nº 37, p. 137, nov. 1993.

_____. *Duas meninas*. São Paulo: Companhia das Letras, 1997.

SPOSATI, Aldaiza. *Vida urbana e gestão da pobreza*. São Paulo: Cortez, 1998.

_____. "Assistência social: desafios para uma política pública de seguridade social". *Cadernos ABONG*, Série Especial "Subsídios à Conferência Nacional de Assistência Social — I", São Paulo, ABONG, 1995.

_____. "Conjuntura da assistência social brasileira". *Cadernos ABONG*, Série Especial "Subsídios à Conferência Nacional de Assistência Social", II, São Paulo, ABONG, 1997.

TASSIN, E. "Espace comum ou espace public? L'antagonisme de la communité et de la publicité". *Hermès*, nº 10, 1991.

TELLES, Vera da Silva. "A cidadania inexistente: incivilidade e pobreza". Tese de doutorado, USP, 1992.

_____. "Questão social: afinal, do que se trata?". *São Paulo em Perspectiva*, São Paulo, Fundação Seade, vol. 10, nº 4, out./dez. 1996.

_____. "No fio da navalha: entre carências e direitos. Notas a propósito dos programas de renda mínima no Brasil". In: CACCIA-BAVA, Silvio (org.). "Programas de renda mínima no Brasil". *Cadernos Polis*, nº 30, pp. 1-24, São Paulo, Pólis, 1998.

YAZBEK, Maria Carmelita. "A política social brasileira nos anos 90: a refilantropização da questão social". *Cadernos ABONG*, Série Especial "Subsídios à Conferência Nacional de Assistência Social — I", São Paulo, ABONG, 1995.

REFERÊNCIAS DOS ARTIGOS

"Pobreza e cidadania: figurações da questão social no Brasil moderno". In: TELLES, Vera da Silva. *Direitos sociais: afinal do que se trata?* Belo Horizonte: Editora da UFMG, 1999.

"Pobreza e cidadania: precariedade e condições de vida". In: MARTINS, Heloísa de Souza; RAMALHO, José Ricardo. *Terceirização, diversidade e negociação no mundo do trabalho.* São Paulo: Hucitec/CEDI, 1994, pp. 84-109.

"Questão social: afinal, do que se trata?". *São Paulo em Perspectiva*, Fundação Seade, vol. 10, n° 4, pp. 85-95, out./dez. 1996.

"A 'nova questão social' brasileira: ou como as figuras de nosso atraso viraram símbolo de nossa modernidade". *Caderno CRH*, Salvador, Centro de Recursos Humanos da UFBA, n° 30/31, pp. 85-110, jan./dez. 1999.

Este livro foi composto em Sabon,
pela Bracher & Malta, com CTP da
New Print e impressão da Graphium
em papel Pólen Soft 80 g/m² da Cia.
Suzano de Papel e Celulose para a
Editora 34, em setembro de 2013.